どんとこい労働基準監督署 part2

# 知って得する憲法と行政法

河野順一

# はしがき

日本に住まう私たちは、日本国憲法で人権が保障されています。中学校の公民の授業で、「日本国憲法では平等権、自由権、社会権、参政権といった基本的人権が保障されています」と、誰もが教えられたはずです。権力が集中しないように、三権分立が行われ、立法・行政・司法のそれぞれが越権行為をしないように、相互ににらみを利かせており、一極集中しないように、うまい具合に権力を分散させています。これは常識です。

しかし、本当にそうでしょうか。日々の生活に忙しい私たち国民は、国や行政のしていることだから正しいだろうと、一言居士の私のように、いちいち確認はしないし、信頼しきっているのではないでしょうか。同時に、日頃、法律に携わる者、すなわち、法曹三者と呼ばれる裁判官、検察官、弁護士や、法学部の大学教授等と呼ばれる人を除いて、そもそも法が正しく運用されているか否かの検証をする術を持っていないのではないでしょうか。そして、いざ、自分の身に不利益が降りかかった際に、何かおかしいと思いながらも、法的に無知であるがゆえに、泣き寝入りすることが多いのではないでしょうか。

さて、この世に私たちの行動を制限するもの、従わなければならないものには二つあります。

それは、「契約」と「法律」です。

契約は、当事者間の約束事であり、法律や公序良俗に反しない限り、何を契約しても自由ですが、その契約を締結した当事者は内容に拘束されます。他方、法律は、法治国家に暮らす国民として、自分の意思によらず、誰もが従わなければなりません。行政が行う様々な行為を担保する法律は、強制力を持つものが含まれています。したがって、行政が正しく法律を運用していなかった場合、国民は、本来従う必要がない行政行為に拘束されることになります。これは、行政の名を借りた人権侵害といえるでしょう。

残念ながら、私のこれまでの経験から、常に行政の活動が正しく機能しているとは評価できません。むしろ、誤った行政解釈が横行したり、現場の判断で恣意的に運用されているケースが散見されます。その結果、不利益をこうむるのは国民の側です。

たとえば、よく、労働基準監督官が会社に対して、「未払い残業代を2年分支払いなさい」ということがあります。しかし、労働基準監督署にこうした権限はあるのでしょうか。

答えはＮＯです。もちろん、残業をさせた実態があるのならば、支払いはしなければなりませんが、入場と退場を記したタイムカードの打刻時間だけで、残業代の支払義務は発生しません。つまり、たとえタイムカードに午前9時に入場して、午後9時に退場したとの記録があったとしても、それはその間、会社に滞在していた時間であることの証明にはなっても、労働したことの証明にはなりません。同僚と雑談していた時間が含まれていたり、帰宅のためのバスが来る時刻まで、時間つぶしをしていたかもしれません。そうした時間までどうして残業代として会社が支払わなければならないのでしょうか。すこぶる疑問です。

こうした事実を知らなければ、必ずしも支払わなくてもよいものを支払ってしまう羽目になってしまいます。

よって、こうした状況を打破するために、私たちは、法律を味方につけなければなりません。常識である法の体系と、行政がする職務権限を逸脱した行為にいち早く気づくことが肝要であるといえましょう。

次のことわざは、法治国家に暮らす者に対し、大切な示唆を含んでいます。

**「法の不知はこれを許さず」**

法律を知らなかったとしても、そのことによって、罪を犯す意思がなかったとすることはできない。

**「法の下に眠る者を法は救わず」**

長期間にわたり権利を放置した者は、他者の利益を守るためにその権利を奪われても仕方がない。

**「知ると知らぬは天地の差！」**

本書は、法律に明るくない読者の皆様の道標となるよう、なるべく身近な具体例を用い、解説を加えることに心がけました。先に上梓した、『労働基準監督署があなたの会社を狙っている』の、理論編をベースにして、大幅に加筆補正しました。ご自身の権利を守るのは、あなた自身です。本書を片手に、大いに知って得をしてください。

最後に、本書の出版に際して、日本橋中央労務管理事務所の皆さんには大変お世話になりました。さらに、日ごろから私の講演、講義を聞いてくださる皆様、拙著発刊のたびに購読してくださる全国の温かい読者の皆様に、深謝申し上げる次第です。

※ちなみに、本書では、未払い残業代のさかのぼりについて、「2年」と表記していますが、令和2年民法改正に伴い、賃金請求権の消滅時効は、原則「5年」とされ、当分の間「3年」の扱いとされていることを付言します。

令和3年5月吉日

河野順一

# 凡例

1　法令は2021年4月1日現在による。

2　本書で使用した法律の略称（50音順）

安衛法（労働安全衛生法）

医薬法（医薬品、医療機器等の品質、有効性及び安全性の確保等に関する法律）

行手法（行政手続法）

刑訴法（刑事訴訟法）

最賃法（最低賃金法）

道交法（道路交通法）

国賠法（国家賠償法）

入管法（出入国管理及び難民認定法）

廃棄物法（廃棄物の処理及び清掃に関する法律）

風営法（風俗営業等の規制及び業務の適正化等に関する法律）

民訴法（民事訴訟法）

労基法（労働基準法）

労災保険法（労働者災害補償保険法）

労組法（労働組合法）

# 目次

目次

目次

目次

目次

目次

# 第一章

# 労働基準監督行政

Live as if you were to die tomorrow
Learn as if you were to live forever
明日死ぬと思って生きなさい
永遠に生きると思って学びなさい

Scientia potentia est
知は 力なり

**労働基準法**（以下「**労基法**」という）は、**憲法第25条第1項**で規定する生存権に基づき、労働者の保護を図ることを第一の目的としている。

この目的を実現するため、**労基法**や**労働安全衛生法**（以下「**安衛法**」という）は、事業主に対する規定を遵守させるべく行政刑罰の罰則等を設けて、法違反を抑止している。

しかし、こうした法違反の発生後、事業主に罰を与えて改めさせる方法は即効性に欠けるうえ、その後の労使関係に大きな影響を与えかねない面がある。労働者の観点からいえば、事業主の法違反が、労働者に深刻な被害を及ぼさないよう、事前に防止することが肝要である。

そこで、労働基準監督署による監督制度が設けられ、必要に応じて労働基準監督官が事業所に立ち入り、調査等を行い、その結果、法違反の有無を確認し、違反があれば、事業主にその旨を伝え、是正を促すことにしている。これを是正勧告という。

この監督制度は、労基法令違反行為が事業所に働く労働者に重大にして、かつ、深刻な被害を及ぼす前に、それを是正し、労基法令を遵守させることを目的に**労基法令**で定められた制度である。

実際の監督業務に当たるのは、労働基準監督官と呼ばれる専門官である。

## (1) 労働基準監督官の配置

労働基準監督官は、国家公務員であり、罷免の際は、労働基準監督官分限審議会の同意を必要とする**（労基法第97条第5項）**。

全国321の労働基準監督署（平成29年3月31日現在）にそれぞれ4〜5人程度、また、大都市では企業の数に応じて適切な数の監督官が配置され、総数2、923名の監督官が、約410万余り（「平成28年労働基準監年報」〈第69回〉）の労基法適用事業所の監督をしている。

## (2) 労働基準監督官の権限

労働基準監督官は、国の直轄行政機関であり、法違反を発見し、または是正させるため、次の権限をもっている。

① 事業所、寄宿舎その他の附属建設物に立ち入り調査をする「臨検」**（労基法第101条第1項）**
② 帳簿・書類等の物的証拠を提出するよう求める「提出要求権」**（同法同条）**
③ 事業主または労働者に証言を求める「尋問権」**（同法同条）**
④ 安全及び衛生基準に違反する附属寄宿舎の「即時処分権」**（同法第103条）**
⑤ **安衛法**に基づく作業場環境測定等の検査をする権限**（安衛法第65条）**
⑥ **最低賃金法**（以下**「最賃法」**という）に基づき、使用者の事業場に立ち入り、帳簿書

類その他の物件を検査し、または関係者に質問する権限**（最賃法第32条）**

なお、**船員法**には、労働基準監督官と同様、船員労務官が配置され、**同法**及び**労基法**の施行に関する事項を司らせることとなっている**（船員法第105条）**。

⑦船舶所有者、船員その他の関係者に出頭を命じ、帳簿書類を提出させ、もしくは報告をさせ、または船舶その他の事業場に立ち入り、帳簿書類その他の物件を検査し、もしくは船舶所有者、船員その他の関係者に質問をする権限**（同法第107条）**

また、労働基準監督官は、**労基法**、**安衛法**、**最賃法**に違反した場合について、**刑事訴訟法**（以下**「刑訴法」**という）に基づき、司法警察官（特別司法警察職員）としての権限を与えられており**（労基法第102条、安衛法第92条、最賃法第33条）**、同様に、船員労務官は、**船員法**、**労基法**、及び**船員法**に基づいて発する命令の違反の罪について**刑事訴訟法**に基づき、司法警察官（特別司法警察職員）としての権限を与えられている**（船員法第108条）**。

監督官は、**労基法**等の違反罪について、調書を作成して検察庁に送付することもできる。これまでは、重大な労災事故が発生するケースで、**安衛法**違反により、送検手続が取られることが多かったが、電通の過労自殺を受け、近年では時間外労働に対して特に監視を強化している。

## (3) 臨検の種類

労働基準監督署の調査**（臨検監督）**には、次の4種類がある。

### ① 定期監督

年度ごとに重要な業種や重要調査事項を定めて行う調査。個々の会社に訪れる立ち入り調査と、資料をもって出頭させる呼び出し調査がある。

### ② 申告監督

労働者が労働基準監督署に申告をしたときに、会社に対して行う調査。たとえば、サービス残業等の賃金の未払い、不当解雇等の申告等がある。

### ③ 災害時監督

一定規模以上の労働災害が発生した場合、その実態を確認するための調査。災害原因の究明や再発防止の指導を行う。

### ④ 再監督

過去に是正勧告を受けたものの、指定期日までに報告書が提出されない場合や、会社の対応が悪質であるとみなされた場合等に行われる再度の調査。

## (4) 臨検にかかる検討事項

前期のとおり、労働基準監督官や、船員労務官には、司法警察官としての権限を与えられているものだが、臨検調査において、無制限に調査権が与えられているわけではないことに注意を払いたい。

たとえば、**労基法第104条の2第2項**は、「この法律を施行するため必要があると認めるときは」と、労働基準監督官の権限に条件を付している。また、**同法第103条**は、権限の即時行使について、「安全及び衛生に関して定められた基準に反し、且つ労働者に急迫した危険がある場合においては」と、労働基準監督官の権限が限定的であることを明示している。

次に、**最賃法第32条第1項**は、「この法律の目的を達成するため必要な限度において」と、労働基準監督官の権限を制限している。くわえて、**同条第3項**は、「**第1項**の規定による立入検査の権限は、犯罪捜査のために認められたものと解釈してはならない」とも明示している。

さらに、**安衛法第91条第1項**も、「この法律を施行するため必要があると認めるときは」と、労働基準監督官の権限に条件を付している。さらに、**同法第98条**に定められた使用停止命令等についても、**同条第3項**に、「労働者に急迫した危険があるとき」は、これらの項の都道府県労働局長または労働基準監督署長の権限を即時に行うことができるとの定めがある。

最後に、船員法であるが、その**第107条第1項**には、やはり「必要があると認めるときは」との条件が付されている。
労働基準監督官が携わる職務において、それぞれの法律で、同様な場合に、その権限が限定的に行使可能であるとする条件が付されていることから、監督官の職務権限の範囲を推し量ることができるものと考えられる。

ちなみに、判例には、前記労基法等による行政措置は、「法定の基準に違反した使用者の取り締まりを目的としたものであり、労働者個々人の保護を目的としているものではなく、監督権の行使は全くの自由裁量である」と判断した、**大東マンガン事件（大阪地判　昭和57年9月30日）**がある。他方、**労基法第104条**の「申告」について、職務上の作為義務はないとしつつ、「一定の作為義務をなさなければ、国民に重大な危険が生ずる可能性があるというような差し迫った事情下においては、条理上、当該職員に一定の作為義務を肯定することもありうる」と判断した**池袋労基署長事件（東京高判　昭和53年7月18日）**がある。

前記条文で、行政権限の即時行使を認めた「労働者に急迫した危険があるとき」に、それを知りながら行政が作為義務を尽くさなければ、労働者の危険は回避できないものであることから、こうした場合には、「監督権の行使は全くの自由裁量」等と、見て見ぬふりをすることは許されず、作為義務を肯定するものと解される。

## (5) 是正勧告とは

労働基準監督官が調査（臨検監督）を行った結果、法令違反が認められた場合、対象の事業所に対して、是正勧告が行われる。

この**是正勧告**は、行政処分ではなく、行政指導であり、法的な強制力がないため、この指導に従う義務はない。しかし、監督署から法令違反だとして指摘されているため、何度も同じ状態を繰り返して是正しない場合や、それが悪質だと判断されれば、検察庁に書類送検される可能性がある。

## (6) 是正勧告は行政指導――任意が原則

前述したとおり、是正勧告は行政指導に分類される。そして、**行政指導の一般原則**は、**行政手続法**（以下**「行手法」**という）**第32条**に

「1　行政指導にあっては、行政指導に携わる者は、いやしくも当該行政機関の任務又は所掌事務の範囲を逸脱してはならないこと及び行政指導の内容があくまでも相手方の任意の協力によってのみ実現されるものであることに留意しなければならない。

2　行政指導に携わる者は、その相手方が行政指導に従わなかったことを理由として、不利益な取扱いをしてはならない。」

と定められている。つまり、労働基準監督官が発する是正勧告は、次の要件が必要である。

① 所掌事務の範囲を逸脱してはならない
② 相手方の任意の協力によってのみ実現される
③ 行政指導に従わなかったことを理由として、不利益な取扱いをしてはならない

なお、行政指導についての詳細は、後述しているので、参照されたい。

# 第二章

# 「憲法」の基礎知識

Live as if you were to die tomorrow
Learn as if you were to live forever
明日死ぬと思って生きなさい
永遠に生きると思って学びなさい

Scientia potentia est
知は 力なり

## 1 なぜ、憲法の知識が必要か

労働基準監督行政は、労基法をはじめとして、各種の法律に根拠が求められる。確かに、使用者側にどのような違反行為があった場合に、監督官はどのような権限を行使できるかの定めがあるが、実際の場面においては非常に抽象的であり、漠然としているため、権限を行使される側である会社は、監督官に言われるがまま従ってしまうケースが大半である。

たとえば、労基法でいえば、**第101条第1項**に定めがあるとおり、監督官は、「事業場、寄宿舎その他の附属建設物に立ち入り調査をする『臨検』」の権限を有する。しかし、ここには、どのような場合にもこれに応じなければならないか否かの詳細は記されていない。

また、監督官は、臨検調査の結果、違反行為が見つかった場合には、是正勧告をすることができるわけだが、事業所がその勧告には絶対に従わなければならないのだろうか。具体的には、過去の時間外手当につき未払いがあるとして、2年間さかのぼって支払えと、何千万円もの支払いを監督署から勧告された場合に、必ず支払わなければならないのかということが問題となる。

残念なことに、法律を探したところで、明確な答えは書かれていない。そこで、私たちは労働関係の法律だけでなく、法律を体系的に判断する必要に迫られる。

## 2 監督官は、憲法に反する権限行使はできない

まず、法体系の頂点である**憲法**を知っておく必要がある。なぜなら、法律は「国民が守るべきルール」であるが、**憲法は「国が守るべきルール」**だからである。この場合の、国というのは「公務員や国家」のことで国民のことではない。

よって、労働行政に携わる労働基準監督官も、公務員である以上、**憲法第99条**「天皇又は摂政及び国務大臣、国会議員、裁判官その他の公務員は、この憲法を尊重し擁護する義務を負ふ」を遵守しなければならず、この規定に反して、権限を行使することはできない。

そこで、ここでは、監督行政を考える場合に知っておかなければならない「憲法の基礎」を確認しておく。

## 3 権力分立（三権分立）について

日本の政治の枠組みは、国会（立法府）、内閣（行政府）、最高裁（司法府）の三権が互いにチェックし合う**三権分立**の体制である。これにより、権利の集中を抑止するものである。

ちなみに、国会は法案審査や国政調査を通して行政を監視し、各議院の議員で裁判官の

弾劾裁判所をつくっている。内閣は衆議院の解散権を持ち、最高裁判所裁判官を任命する。最高裁は最終的な違憲立法審査権を持ち、行政に関わる訴訟の判決もする。

そこで、先の是正勧告により、過去2年間さかのぼって時間外労働手当を支払えと監督官が命令したような場合、結論からいうと、憲法に違反する可能性が否定できない。すなわち、行政に携わる監督官が、法律に根拠がないルールを独自に作り出して、それが立法権の国会の役割をし、そして、そのルールが正しいものとして支払いの命令をする場合、同時に、彼らは裁判所の役割をしていることになる。そうすると、**行政である監督署に所属する監督官は、権力の一極集中を抑止すべく異なる機関に担当させたはずの三権の全てを、監督官一人で行使している可能性が否定できない。**ここは、しっかりチェックすべきポイントである。

## 4 人身の自由

**自由権**とは、憲法が保障する基本的人権の一つである「国家からの自由」のことである。つまり、個人の権利や自由に対して国家から権力的に介入されない権利をいう。

自由権には、①**人身の自由**（**憲法第18条・第31条**）、②**経済的自由**（**憲法第22条** 職業選択の自由・**第29条** 財産権）、そして③**精神的自由**（**憲法第19条** 思想良心の自由・**第20条** 信教の自由・

**第21条** 表現の自由・**第23条** 学問の自由）がある。

## (1) 刑法の視点から考える

**憲法第18条**は、「何人も、いかなる奴隷的拘束も受けない。又、犯罪に因る処罰の場合を除いては、その意に反する苦役に服させられない」として、**「人身の自由」**を規定している。すなわち、国民が奴隷的拘束から解放されなければならないことを意味している。そして、これは直接的に私人間（国民相互の関係）にも適用される規定ともなっている。

もっとも、これにあたるような行為は刑法上の逮捕・監禁罪にも該当しうるため、憲法上の権利が刑法によっても保護されているのである。

これは、**「労基法第5条の解釈」**にも関係してくる。

Y会社の労働者Xが連日、定時を過ぎてもそのまま居残り、毎日4時間ほど仕事を続けていた。そしてある日、労働者Xの申告により、労働基準監督署による調査や臨検がY会社に入ったとしよう。その結果、これまでの未払い残業代について、労働基準監督官がタイムカード等を根拠として、「残業代をさかのぼって支払え」と是正勧告として支払命令を出してきたとする。

世間では労働基準監督官の権限についての無理解による誤解が蔓延しており、会社は監督官の支払命令に使用者が唯々諾々と応じてしまったり、あるいは監督官に懇願して、残業代の支払いを半分に負けてもらったりした等という話があちらこちらから聞こえてくる。

中には、残業をさせたことについて、労働基準監督官が刑罰の存在を持ち出して支払いを命令してくるような場合もある。

すなわち、**労基法第5条**は「使用者は、暴行、脅迫、監禁その他精神又は身体の自由を不当に拘束する手段によって、労働者の意思に反して労働を強制してはならない」と規定しており、労働基準監督官はこれを持ち出し、残業をさせるのはよろしくないといってくるのである。もし、これが正しいのであれば、このような行為は憲法違反（人身の自由の侵害）ともなる。


しかし、はたしてそのように解釈できるであろうか。Y会社の社長が、Xが連日、定時後も居残っているのを見ていた、あるいは知っていたとすれば、たしかに事実の認識はある。しかし、社長は労働者に対して強制的に労働を命じたわけではないし、そのようにしようと思っていたわけではない。

労基法には、広義の意味での刑罰が規定されており、その意味で刑罰法規であると解されている。そして、刑罰法規の一般法である刑法で、故意犯以外は法律に特別の規定が必要であるとしている**（刑法第38条1項ただし書）**。そうだとすると、労基法においては、過失犯について定めた特別の規定は存在しないため、その適用は故意犯に限られることになりそうである。

そして、労基法が想定する故意による残業とは、**労基法第5条**の法文に鑑みれば、労働者の意思に反して行動の自由を制限するレベルのものであることが明らかである。同条の立法経緯からしても、タコ部屋に監禁するようなレベルのものを想定している。その程度の自由の制限が存在して、初めて社会通念上許されない客観的な違法性があるのであり、その違法性を認識して初めて、労基法違反として問えるだけの故意があるといえるのである。

このように、労働者が自由を不当に拘束されていない、裏を返せば自由な意思で帰れる状態にあった以上、使用者は労基法違反として罪に問うだけの認識をしていた、つまり故意があったとはいえないのである。よって、Y会社において、Xが残業をしていたことを使用者が知っていたというだけでは、故意に残業させたわけでも、故意に残業代を支払わなかったわけにもならないのである。

## (2) 行政法の視点から考える

しかし、労基法違反を狭義に捉え、行政刑罰であることを考えると、少々事情が変わってくる。それは何かというと、前述したとおり、刑事罰では、原則として故意がなければ罪を問えなかった。過失は、特別に法で定められた場合にのみ、刑の適用があった。

他方、行政刑罰は犯人の主観面つまり行為者の主観的悪性に対して罪を科するのではなく、行政法上の義務者の義務違反という事実に着目してその違反者を処罰することによって、行政上の目的を実現しようとするものである。したがって、行政刑罰においては、行政法上の義務者の過失をも処罰するだけの合理的な理由がある。また、過失をも罰しなければ行政刑罰の目的を達成することができないため、行政犯にあっては必ずしも故意を必要としていないものである。

とはいうものの、実務上は取り締まる側のマンパワーの事情等から、過失で行政刑罰に処せられることはまずない。よって、行政刑罰における形式上の過失の処罰は、行政上の目的を実現するための、違反行為に対する抑止力の側面が強いといえよう。

## 5 人身の自由の保障

### (1) 適正手続

**憲法第31条**は、適正手続（法の適正な手続き）（due process of law ＝デュー・プロセス・オブ・ロー）について定めており、刑事手続において人身の自由を保障する憲法の規定の中で総則的な位置を占めている。

また本条は、罪刑法定主義について定めたものということもできる。

## (2) 罪刑法定主義

罪刑法定主義とは、「どのような行為が犯罪とされ、これに対してどのような刑罰が科されるか」ということが、あらかじめ成文の法律により定められていなければならないとする原則である。

さらに本条は、刑罰法規がいかなる行為を処罰の対象としているかが明確にされていなければならないとする、明確性の原則も要求している。

## (3) 告知と聴聞

適正手続の中で、罪刑法定主義に続き、とりわけ重要なのが告知と聴聞を受ける権利である。告知と聴聞を受ける権利は、公権力が国民に刑罰その他の不利益を科す場合には、当事者にあらかじめその内容を告知し、当事者に弁解と防御の機会を与えなければならないことをその内容とする。

この点につき、「貨物の密輸を企てた被告人が有罪判決を受けた際に、その付加刑として、密輸にかかる貨物の没収判決を受けたが、この貨物には被告人以外の第三者の所有する貨物がまじっていた。そこで、被告人は、所有者たる第三者に事前に財産権擁護の機会を与えないで没収することは違憲であると主張」した、**第三者所有物没収事件**（**最大判 昭和37年11月28日** 刑週16巻11号1593頁）において、最高裁は**「所有物を没収せられる第三者についても、告知、弁解、防御の機会を与えることが必要である」**とし、その機会を与えないでした没収判決は**憲法第31条・第29条**に違反すると判断した。

## (4) 憲法第31条と行政手続の関係

### ① 成田新法事件と行政手続

**憲法第31条**は、「何人も、法律の定める手続きによらなければ、その生命若しくは自由を奪はれ、又はその他の刑罰を科せられない」と規定している。これは、刑事手続における人身の自由の保障に関する憲法の総則的な地位を占めているものである。同時にこれは、罪刑法定主義を定めたものであるということもできる。

さて、この**憲法第31条**は直接的には、刑事手続のことを規定しているものだが、行政手続における**憲法第31条**の類推適用が問題となる場合がある。

この点につき最高裁判例は、次のように判示している**（成田新法事件 最判 平成4年7月1日）**。

「憲法31条の定める法定手続の保障は、直接には刑事手続に関するものであるが、行政手続については、それが刑事手続ではないとの理由のみで、そのすべてが当然に同条による保障の枠外にあると判断することは相当ではない。しかしながら、同条による保障が及ぶと解すべき場合であっても、一般に、行政手続は、刑事手続とその性質においておのずから差異があり、また、行政目的に応じて多種多様であるから、行政処分の相手方に事前の告知、弁解、防御の機会を与えるかどうかは、**行政処分により制限を受ける権利利益の内容、性質、制限の程度、行政処分により達成しようとする公益の内容、程度、緊急性等を総合較量して決定されるべき**ものであって、常に必ずそのような機会を与えることを必要とするものではないと解するのが相当である」

**② 行手法の制定**

その翌年、**行手法**（平成5年11月12日 法律第88号）が制定され、平成6年10月から施行されている。行手法は、行政運営における公正の確保と透明性の向上を図ることを目的に、制定された法律であり、行政機関が行う指導や処分、行政機関に対して行う申請等に関して、必要とされる手続きや、行政側に求められる対応等を定めたものである。

注視すべきは、同法に、不利益処分をしようとする場合の手続きとして、聴聞と、弁明の機会の付与が明記されていることである（**行手法第13条**）。

したがって、労基法等の労働関係諸法令においても、行政手続法が適用され、また場合によっては、**憲法第31条**の適用があることを認識しておきたい。

### (5) 令状主義

監督行政における調査（臨検監督）を考えるうえで、**令状主義**を定めた**憲法第35条**も重要である。

> 第35条　何人も、その住居、書類及び所持品について、侵入、捜索及び押収を受けることのない権利は、第33条の場合を除いては、正当な理由に基いて発せられ、且つ捜索する場所及び押収する物を明示する令状がなければ、侵されない。

**憲法第35条**は、もともと刑事手続に対する保障を求めているものであるが、行政手続においても、刑事責任の追及と関連する事柄については、令状主義が及ぶことがあると解されている。

このことにつき判例は、収税官吏が税務調査にあたり納税義務者等に質問し、帳簿等を検査できるとする所得税法（現在は、国税徴収法）の規定（質問検査権）について、それに基づく税務職員の調査を拒否して起訴された被告人（川崎民主商工会の会員）が、質問検査が**憲法第35条**の令状主義、**第38条第1項**の黙秘権の保障に反すると主張した、**川崎民商事件（最大判 昭和47年11月22日**刑集26巻9号554頁）がある。この事件において最高裁は、**憲法第35条・第38条**が行政手続にも及ぶことを原則的に認めた。

ただし、本件において質問検査は、次のように判示した。

①所得税の公平確実な賦課徴収のために必要な資料収集を目的とし、刑事責任の追及を目的とする手続きではない。

②実質上刑事責任追及のための資料の取得収集に直接結びつく作用を有するものではない。

③強制の態様は、直接的物理的な強制と同視すべき程度に達していない。

④公平な課税等の公益目的を実現するために実効性のある検査制度は不可欠である、という諸点をあげて、令状によらない検査であっても違憲とはいえず、検査が「自己に不利益な供述」を強要するものでもない。

つまりこの判例で重要なのは、「**憲法第35条第1項**は、本来主として刑事責任追及の手続きについて、それが司法権による事前の抑制の下におかれるべきことを保障した趣旨であるが、当該手続が刑事責任追及を目的とするものではないとの理由のみでその手続きにおける一切の強制が当然に右規定による保障の枠外にあると判断することは相当ではない」として、**憲法第35条**の規定は、原則として、行政手続にも及ぶと示した点にある。しかし、質問検査権は、特定の行政目的達成のためであることや、刑事責任の追及を目的としている手続きではないことを理由として、令状によらない検査も違憲ではないと判示している。

行政手続上の調査としては、徴税事務の他、食品衛生確保のための臨検・検査**（食品衛生法第28条・第47条）**、薬局・病院への立入検査**（医薬品、医療機器等の品質、有効性及び安全性の確保等に関する法律**（以下**「医薬法」**）**第69条・医療法第63条他）**等がある。もちろん、労基法の臨検調査**（労基法第101条第1項）**等もこのカテゴリーに含まれるわけだが、これらの調査にあたって、職員は、その身分を示す証明書を携帯し**（同第2項等）**、場合によってはそれを提示することが義務づけられている。しかし、この調査に、裁判官の発する令状は要件とされていない。これらは、公衆の衛生や環境の維持、労働者の労働条件の適正化等、重要な公共目的のために、工場、店舗、事務所等事業を行う場所でその設備や帳簿書類等の検査をするものであり、個人のプライバシーを保障するという令状主義との関連性が薄いとの理由からである。また、それぞれの業種を行う際の条件や、労働者を雇用する場合に、あらかじめ組み込まれている制度であることから、令状主義をそのまま適用する意味が少ないと考えられているものである。

### (6) 黙秘権

「何人も、自己に不利益な供述を強要されない」と定めた**憲法第38条**の**黙秘権**についても、行政手続への適用の有無が議論されている。

先の川崎民商事件最高裁判例は、この点についても判断しているものである。すなわち、**憲法第38条第1項**の保障は、「『純然たる刑事手続においてばかりではなく、それ以外の手続きにおいても、実質上、刑事責任追及のための資料の取得収集に直接結びつく作用を一般的に有する手続きには、ひとしく及ぶ』と示しているが、所得税法上の税務検査および質問は、そのような作用を一般的に有するものではなく、本規定にいう『自己に不利益な供述』を強要するものではない」と示されている。

## 6 経済的自由権

### (1) 自由権

経済的自由権は、労働基準監督官がする臨検調査、是正勧告、その後の刑事手続の正当性において、その判断の拠りどころとなる。

## (2) 財産権

**憲法第29条第1項**には、「財産権は、これを侵してはならない」とあり、**第2項**は「財産権の内容は、公共の福祉に適合するように、法律でこれを定める」とし、さらに、**第3項**は「私有財産は、正当な補償の下に、これを公共のために用ひることができる」としている。**公共の福祉**とは、人権相互の矛盾衝突を調整するための実質的公平の原理であるとするのが従来の通説であるが、ここでは、社会全体の幸福というような意味で理解しておけばよいであろう。

つまり、**憲法第29条**は、社会全体の幸福の見地から国民経済基盤を確保するため、**財産権**の保障を規定したうえで、法律の定めにより、公共の福祉のために、一定の制限が加えられる可能性のあることを明示したものである。これにより、国民は、法律の定めによる公共の福祉を理由とする制限でなければ、個人が保有する資産を、国家権力により奪われないことを保障されていることになる。

## (3) 営業の自由

こうした財産権の一つに、**営業の自由**があると解されている。

憲法に、営業の自由を直接規定するものはないが、**第22条第1項**は「何人も、公共の福祉に反しない限り、居住、移転及び職業選択の自由を有する」と定めており、この規定のうち**職業選択の自由**は営業の自由を含むものと解されている。なぜなら、職業選択の自由を認めても、営業の自由（職業遂行の自由）を認めなければ、職業選択の保障が無に帰するからという趣旨である。

加えて営業の自由には、被用者として営業活動・企業活動をすることも含まれるが、これは、とりもなおさず、自らの所有権（財産権）を行使することにほかならず、前記**第29条**の財産権の保障に根拠を求められると解されている。

## (4) 財産権の保障と労働事件

では、労働事件において財産権が問題となる場面は存在するであろうか。一つには、**労働基準監督官の残業代支払命令**という問題が考えられる。

企業というものは営利団体であり、それを前提として法人格を認められたわけであるから、権利の性質上財産権の享有主体となることは間違いない。すなわち、残業代を支払う原資は会社の保有する財産であって、その企業の財産を国家が労働者に支払えと命じることは、財産権の制約にあたりうる。そして、その、財産権の制約については公共の福祉に適合するようなものでなければならない。

では、残業代の支払いを命じることは、公共の福祉に基づく必要最小限の制約といえるであろうか。

確かに、残業代不払いがあり、それに対して支払いがなされるように水を向けることは、一定の合理性があるようにも思われる。

しかし、あくまで残業代を支払うか否かは私人間における契約の問題であり、**契約**とは相対立する複数の当事者の意思表示の合致で成立する法律行為であるため、第一次的にはそれを支払うか否かは当事者間の合意によって決まってくるものなのである。つまり、私人間の、民事の労働契約において、法に抵触するような不当な残業代不払いでない限り、残業代の支払いについては、当事者の合意に委ねられる。

よって、労働基準監督官が、何の正当性もない残業代の支払請求につき、裁判所による司法判断もなされず、詳細な調査もせずに、企業に対して残業代を請求し、是正勧告と称して労働者に不要な残業代を支払わせることは**企業の財産権に対する侵害**に他ならない。こうした、労働基準監督官による是正命令は、公共の福祉の範囲内の必要最小限度の制約とはいえず、財産権の侵害にあたると解するのが相当である。

## (5) 使用者の経済的自由と、労働基準監督官との関係

前記のように、使用者には、営業の自由が保障されており、法律の定めにより、公共の福祉のために一定の制限がある場合を除いては、これを侵されることはない。

しかし、公務員である労働基準監督官が、権限を濫用したり、権限を逸脱したりして、本来、支払義務のない時間外手当につき、会社に対してその支払いを強要すれば、労働者の片棒を担いだことになる。そうすると、こうしたケースにおいて、監督官は、一方的に労働者側の奉仕者となっていると評価されるため、**憲法第15条第2項**が定める「すべて公務員は、全体の奉仕者であって、一部の奉仕者ではない」内容に反するといえよう。

第二章

# 監督行政を知るための「行政法」の基礎知識

Live as if you were to die tomorrow
Learn as if you were to live forever
明日死ぬと思って生きなさい
永遠に生きると思って学びなさい

Scientia potentia est
知は 力なり

## 1 労働基準監督署は、行政官庁である

労働基準監督署は、労働基準行政を司る行政官庁である。すなわち、国家の行政事務を行う中央・地方の官庁であるといえる。

労基法、労災保険法、最賃法、賃金の支払いの確保等に関する法律、じん肺法、安衛法等の労働者保護法規に定める事務を司る厚生労働省の地方支分部局である。都道府県労働基準局のもとにおかれるが、厚生労働大臣の直接の管理に属する。労働基準監督署長は都道府県労働基準局長の指揮、監督を受けて、労基法等に基づく臨検、尋問、許可、認可、認定、審査、仲裁等を司り、所属の官吏を指揮監督する。

よって、労働基準監督署は行政法の適用を受ける。

## 2 行政法とは何か

**行政法**とは、行政権の主体たる国及び公共団体の機関の組織、権限、機関相互の関係等の行政に関する組織と、国・公共団体と国民との公法上の法律関係、つまり、行政手続、行政作用及び行政救済に関する行政関係諸法の総称である。

俗に六法と呼ばれる主要な法律（憲法、民法、刑法、商法、民訴法、刑訴法）には、そ

れぞれの名が付された法典（体系的に編成された成文法の集成）が存在するが、他方、行政法という名の法律は存在しない。国家行政組織法、内閣法、地方自治法、行政手続法、行政不服審査法、国家賠償法等、行政に関する無数にある法のうち、各個別の行政に関する法律の共通項を抜き出して、体系化したものが行政法の正体である。

## 3 行政法の3本柱

行政法は、三つの分野に分けることができる。それは**行政組織法**、**行政作用法**、**行政救済法**である。これらは理論の分野であって、そういう法律があるわけではない。

行政法の定義はすでに述べているように、「行政の組織及び作用並びにその統制に関する国内公法である」ということになる。換言すれば、「どういう組織が、どういう方法で行政活動を行い、それによって被害を受けた人をどうやって救済するか」を理論化した法である。

では、なんのためにそのような理論を立てておくのかといえば、それによって行政活動をコントロールすることで国民の権利・自由を守るためであるといえよう。

この「どういう組織」（国・地方公共団体）という分野（行政が様々な作用（活動）を行うためには、どっしりと安定した「土台」）が行政組織法と呼ばれ、「どういう方法も確固とした土台の上に行政活動（作用）」でという分野が行政作用法と呼ばれている。

そして、もし行政活動によって国民の権利・自由を侵害してしまった場合に、それを放っておくのでは、国民（住民）の権利・自由を守るという行政目的を達成することができなくなってしまうから、それを救済しなければならない。この分野を行政救済法という。

そこで、まず三つの分野の概略を説明しておこう。なお、これら三つの項目の詳細は後述する。

それでは、まず、行政組織法と行政作用法、そして行政救済法について順に説明していこう。

## (1) 行政組織法

我が国では、国会で法律を制定し、それを行政で執行するシステムをとっている。法律を執行する行政がどのような組織を作り、その組織にどのような権限を与え、どのように組織を規律コントロールしているかそれを規律する法が行政組織法である。つまり、行政組織法とは、どういう組織が行政活動を行うのかを扱う分野である。

たとえば、店に許可を出す、税金を徴収する、道路を造って維持・管理する、補助金を支給する、学校を運営する、このような行政活動は誰が許可を出すのか。国道だったら国が行う、地方公共団体が行うといういい方もある。内閣総理大臣が行う、あるいは地方公共団体の長である知事や市長が行うという場合もある。

このように誰が行政を行うかを中心にして国や地方公共団体の構成、権限について概念を整理して理論化したものが行政組織法である。

## (2) 行政作用法

行政が行う法律の執行は、行政機関から国民に対する働きかけ（行政の対外的作用）となって現われる。この行政機関の国民に対する働きかけが行政作用である。

たとえば、今、国土交通大臣が道路を造るために国民から土地を取得するときに「道路を造るのにこの土地を収用する」というように一方的に命令して行う強制収用という方法**（行政行為）**もあれば、「この土地に道路を造りたいので売ってくれませんか」という売買契約を申し込んで地主の承諾を得ながら進めていく方法**（行政契約）**もある。

前者は一方的に行われ、後者は地主の承諾をとって、進められるわけであるが、この二つを取ってもわかるように、行政活動には、国民の権利・自由を侵害するおそれがあるのである。このようなことから、行政作用法の目的は、行政活動から国民の権利・自由を保護することにある。

したがって、この分野のルールを、行政作用法という。

ところで、この行政機関による働きかけには様々なものがある。これを二つに分けるこ

**【行政救済法の概念】**

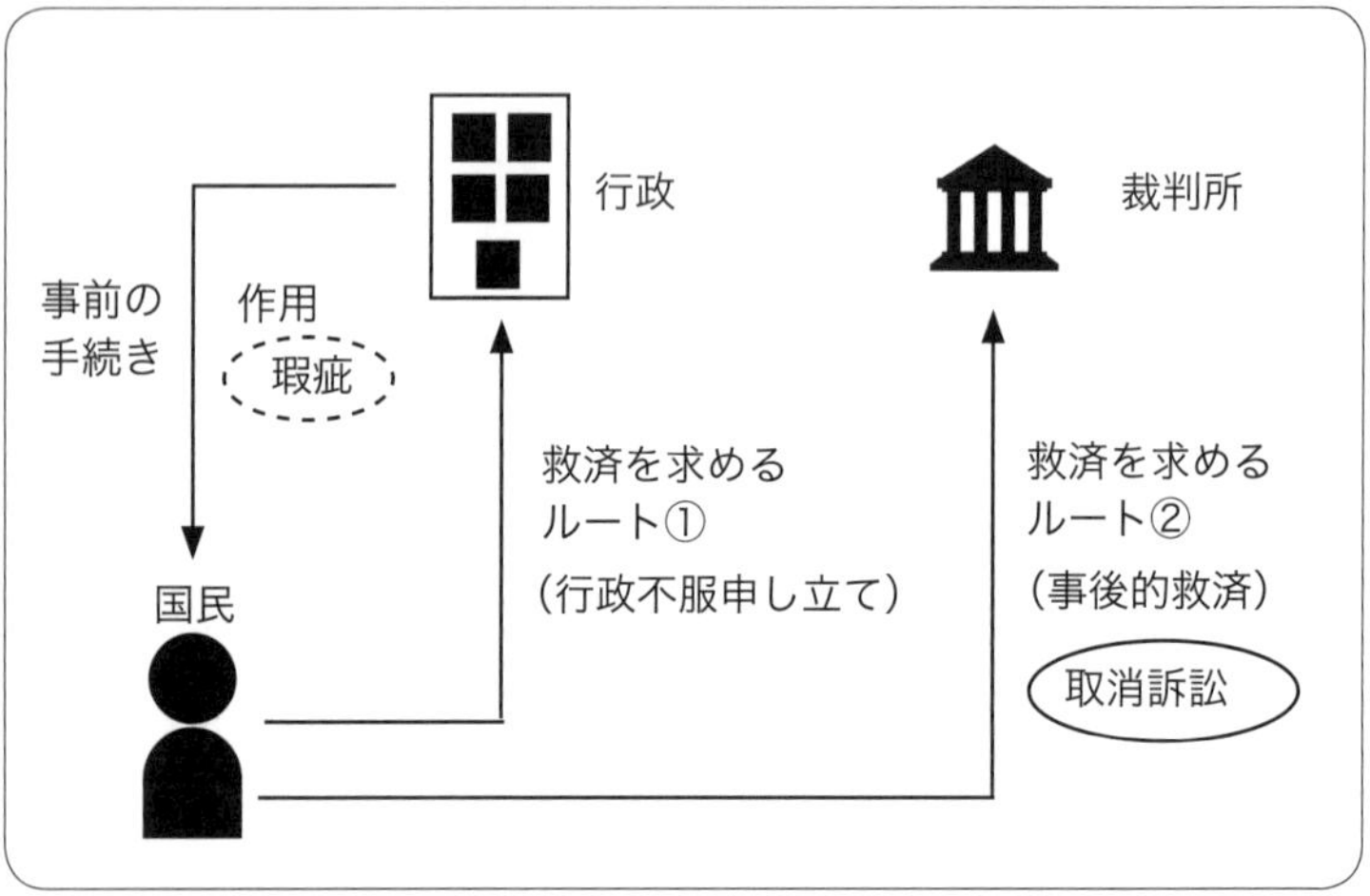


とができる。それは、**「権力的作用」**と**「非権力的作用」**とにである。権力的作用は、①法律（**行政立法**）→②行政行為→③強制執行という図式が成り立つといわれている。これは古典的三段階モデルと呼ばれている。

具体例をあげよう。今、税金を納付すべきAがいたとしよう。

税務署長はAに対して税金を納付するように義務づける課税処分（②**行政行為**）をする。もし、Aが税金を納めない場合、次に税務署長はAに対し滞納処分（③**強制執行**）を行う。このように、行政行為を強制的に実現する手続きが③の強制執行ということになる。もう一つの作用として非権力的作用がある。それが、行政計画、行政指導、行政契約である。

### (3) 行政救済法

行政機関による行政活動が違法に行われて国民の権利・自由が侵害された状態になったらどうするのか。

この場合には、**行政機関に不服を申し立て**たり、**裁判所に取消訴訟を提起**したりして、その行政活動を取り消す等の国民の直接救済が図られることになっている。

しかし、それでも国民が損害（損失）を被ることがある。その場合には損害（損失）公平な分担の見地から損害や損失を金銭によって行政に支払わせる道が開かれている。これが、救済手段をルール化している行政救済法である。

## 4 行政法の具体例

ここで、行政法の具体的なイメージが湧きにくいため、事例をあげて実際の行政法の現われ方をみていくことにしよう。

国土交通大臣が道路を建設するために、土地を所有している私人から手に入れることが必要になったとしよう。

今、AとBの所有する土地が候補地にあがり、Aは売ることを承諾し、国と売買契約締結した。しかし、Bは土地を売ろうとしない。この場合、国土交通大臣は、土地収用法という法律があって収用委員会という行政機関が行う**「土地収用裁決」**という行為によって、「道路を造るので土地を収用する」というようにBがいやだといっても、その土地を一方的・強制的に取り上げることができることになっている。これが許されるのは、いうまでもなく、道路のような公共施設を造るということは、多くの国民にとって必要なことで、たった一人、たまたまその土地を持っている人が反対したためにこういった施設ができないというのであれば、国民が大変困ったことになるからである。

このような国の行為は、国が一方的な意思表示で国民を法的に拘束することができる点に特徴があり、これを行政行為と呼んでいる。

では、この土地収用裁決が違法であったとしよう。この場合、Bは、もちろん救済を求めることができる。

行政救済には、大きく分けて行政不服申し立て及び行政事件訴訟法という**「争訟による救済制度」**と国家賠償及び損失補償という**「金銭による救済制度」**の二つがある。

まず土地収用裁決の取り消し、違法な土地収用裁決の是正を求めてBを救済するのが、

**【土地収用裁決における行政救済の方法】**

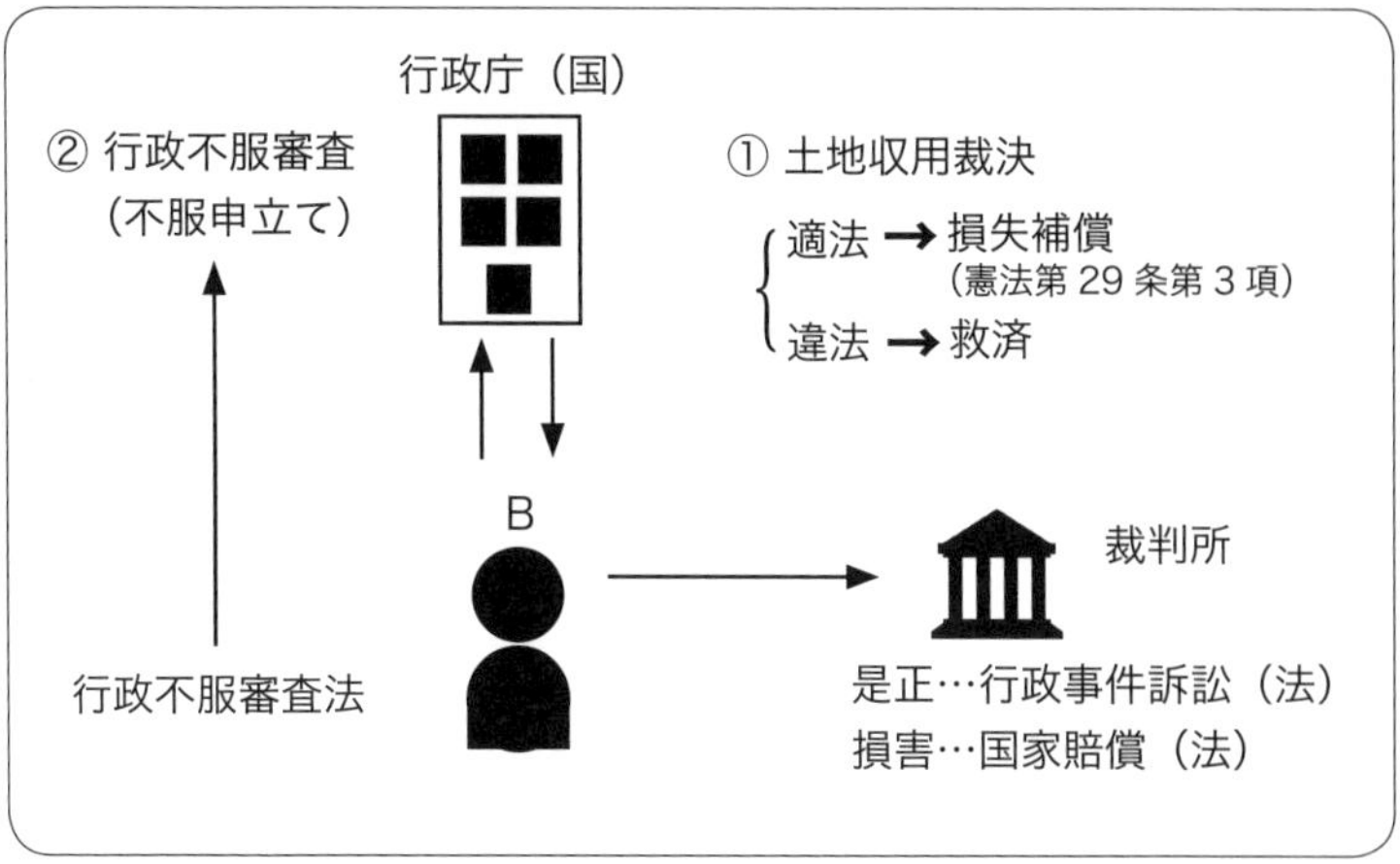


行政不服審査法及び行政事件訴訟法である。行政機関がより迅速かつ簡易に国民の救済を図るのを行政不服審査といい、行政機関の違法な行政行為（処分）に対して、その取消し、その他の是正を求めて裁判所に不服を申し立てるのを行政事件訴訟という。

次に違法な土地収用裁決が取り消されたが、それまでに2年も3年もかかったとしよう。そうするとBはその間土地を利用できないことになる。その結果損害が生じている場合はどうなのか。この損害を賠償する方向で救済するのが、国家賠償法である。

また、土地収用裁決が適法であるからといって、土地所有者が受ける損失を放っておいてよいわけがない。この場合、別に損失の補償がなされなければならないのはいうまでもない。つまり、Bは土地を一方的・強制的に取り上げられてしまったのだから、Bは損失を被っている。これを補償するのが損失補償である**（憲法第29条第3項）**。

これを労働関係に置き換えてみると、たとえば、労働基準監督署長は、A社に対し、立ち入り調査をしたところ、A社はそれまでは時間外労働手当を支給していなかったとしよう。このため労働基準監督署長は、従業員らに対し2年間分の時間外手当を支払うようA社に勧告した。

このような勧告を行政指導という。つまり、前述した行政作用法において、**「非権力的作用」**というわけである。後述するが、行政指導の場合、勧告されたA社は、その勧告に従ってもよいし、従わなくてもよい。もちろん従わないからといって、処罰されない。

その後、労働基準監督署長はA社が時間外労働違反**（労基法第37条）**していることがわかった。そこで労働基準監督署長は、A社に対して時間外労働違反に関する出頭命令処分を行った。しかし、出頭命令がなされたにもかかわらず、A社は労働基準監督署に出頭しなかった。この場合、労働基準監督署長は出頭命令違反**（労基法第104条の2）**として検察庁に書類送検することができる。このような国の行為は、国が一方的な意思表示で国民を法的に拘束することができる点に特徴があり、これを行政行為と呼んでいる。前述した行政作用法においては、**「権力的作用」**ということになる。

**【行政機関の裁量】**

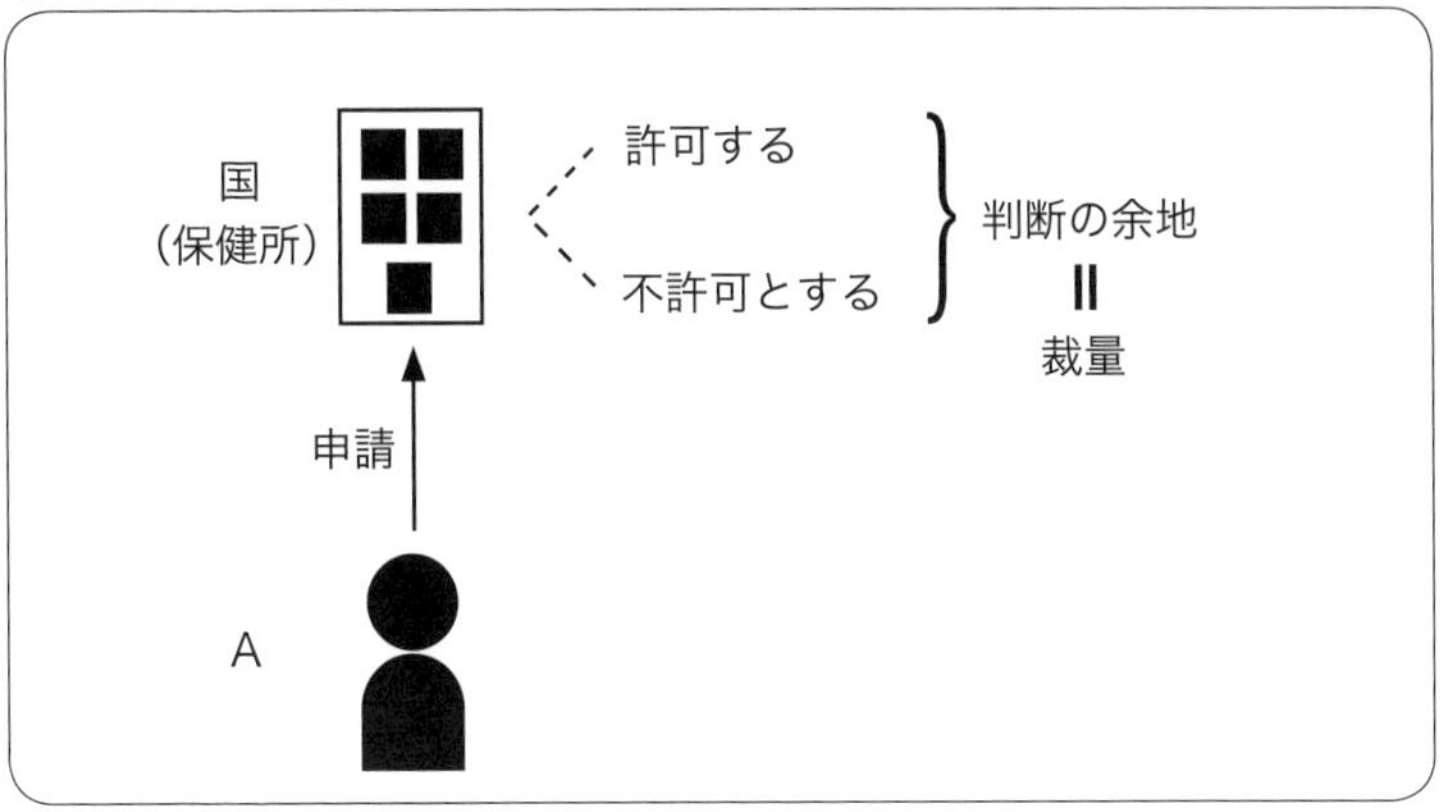


一方、A社は、労働基準監督署長の出頭命令に不服だったとしよう。この場合、行政機関に、不服申し立てすることができる。これが、直接救済の意味である。

他方、いまAが飲食店の営業許可を取得したいと考え、国（保健所長）に許可の申請をしたとしよう。この場合、保健所長は、Aが飲食店の営業をするのにふさわしいか否かを判断して、営業許可を与えることも与えないこともできるのである。このように、行政機関に判断の余地が生じていることを、裁量があるという。

また、Aの申請に対し、保健所長が許可をする際に条件等を付けることも可能である。この条件等のことを**「附款《ふかん》」**という。さらに、保健所長が条件をつけたうえで許可をしたが、実は、Aが不正の申請をして許可の基準を満たしていないことがわかったとしよう。このような場合、保健所長は、職権で許可を取り消すことができるのである。これを**「職権取消」**という。

## 5 行政法の特質

行政法は、どのような特質を持っているのか。民法は、平等な国民の間の自由な取引を目的としているので、自由や平等といった特質を持っている。

### (1) 公益優先性

一方、行政法は民法のような**「私法」**とは異なる特質を持っている。

まず、行政法は、国民一般のための公益性を保護するために特別な規律をなすことがある。たとえば、交通事故が起こったときは新たな事故を防止するために、警察が交通規制する。地震が起こったときは、気象庁が津波注意報を出したりする。これらは、特定の国民のためにではなく、国民一般のために行われるものである。

このような行政法の特質を**「公益優先性」**という。また、国や地方公共団体は国民の意思に関係なく一方的・強制的権力を行使することがある。

### (2) 公権力性

たとえば、税務署長がAに対して課税賦課処分を行えば、Aは納税額を納付する義務を負い、仮に納付しなければ、強制徴収される。また、国土交通大臣が道路建設のためにBの土地を収用する決定をすれば、一方的にBの土地は国に移転することになる。また、犯罪を犯した者は逮捕される。このような行政法の特質を**「公権力性」**という。

ただ、行政法の中には、情報公開制度のように行政に義務を課するものもあり、福祉のように個々人の利益になることもある。このように、今日の行政法は多種多様なので、公営優先性や公権力性を持つものばかりではないことに留意する必要がある。

## 6 行政の分類

行政は、**「内容による分類」**と**「性質による分類」**とに分けることができる。

### (1) 内容による分類

内容による分類であるが、「行政」は、内容によって①**侵害行政**、②**給付行政**、③**私経済的行政**等に分類される。

#### ① 侵害行政

侵害行政とは、国民の権利・利益を制限したり、剥奪したりする行政活動をいう。これを**「規制活動」**と呼ぶこともある。租税の賦課、徴収や建築規制等がその例である。これらの規制が、行政から命じられた場合には、これを拒否することができないため、国民にとってはマイナス要素の行政活動といえる。

### ② 給付行政

給付行政とは、国民に一定の権利・利益を与える行政活動である。各種の補助金や生活保護の支給、公共施設の提供や道路、公園の設置・管理等がその例である。これらの行政は、国民の生活が便利になったり、金銭をもらえたりするので、国民からみるとプラスの要素の行政活動といえる。

### ③ 私経済的行政

私経済的行政とは、私企業とまったく同じ立場に立って行う行政のことをいう。たとえば、官公庁の建物建設、国有財産の管理、物品の購入がこれにあたる。これらは一般的に民法が直接適用される分野であるということができる。

## (2) 性質による分類

性質による分類であるが、「行政」は性質によって①**権力行政**と②**非権力行政**に分類できる。

① **権力行政**

権力行政とは、国民の意思にかかわらず一方的に行われる行政活動をいう。たとえば、行政行為、行政強制、法規命令がある。

② **非権力行政**

非権力行政とは、国民の同意を要件に行われる行政活動である。たとえば、行政契約、行政指導等がある。

## 7 行政法の基本原理

### (1) 法律による行政の原理

法律による行政の原理とは、行政活動は国民の代表で構成された国会で定めた法律を根拠にして、行わなければならないとする法原則のことである。何のためにこの法律による行政の原理があるのか。それは、行政活動が悪いもの、一方的に国民の権利や自由を制限したり奪ったりする非常に恐ろしいものである、という前提から出発しているものである。

たとえば、国民の持っている財産に対し行政主体が意のままに税金を取る、あるいは国民の自由を意のままに制限をする。歴史的には、このような君主による市民革命前の絶対王政下における市民に対する弾圧を反省したわけである。したがって、近代国家においては、この君主自身、すなわち国家権力を行使する者も支配を受けなければならないという法治国家の考え方がとられるようになったのである。

このような国家権力を人権の主体である国民が直接選挙で選んだ議員によって構成される国会が作った法でコントロールしておけば、行政もそうやすやすと国民に対し人権侵害はできないという考え方がとられるようになった。これによって人権をより手厚く保障しようというのが、この法律による行政の原理の趣旨である。

そして、法律による行政の原理の趣旨には**「民主主義の原理」**と**「自由主義の原理」**の二つがあるとされている。**「民主主義の原理」**とは、つまり、法律は国会が作った法であり、国会はわれわれ国民が直接選挙によって選んだ国会議員によって構成されているから、議員が作ったルールで行政をコントロールするのが民主的な行政活動を確保する一番の制度であるということになる。

次に**「自由主義の原理」**であるが、自由権の主体である国民が直接選挙で選んだ議員である以上、当然に国民の権利ないし自由を制限したり奪ったりするようなひどい内容の法律を決して定めるはずがないとする考えである。このような法律で行政をコントロールすることが自由主義にも奉仕することになる理由でもある。

## (2) 行政の原理の3つの原則

法律による行政の原理は、形式的な法律の支配のみを要求するのでなく、法律そのものが実質的に国民の権利・自由を確保していることも要求すると解されるようになってきた。この原理の具体的内容としては**「法律優位の原則」**、**「法律の留保原則」**、**「法律の専権的法規創造力の原則」**という三つの原則によって成り立っている。とくに「法律の留保原則」は重要である。

### ① 法律優位の原則

法律優位の原則とは、法律が存在する場合には、すべての行政活動は法律に違反してはならないという原則である。「法律〉《だいなり》すべての行政活動」という関係である。

つまり、法律と行政とが食い違ったときは、行政よりも法律を強いものと考え、「行政は法律に反する」と判断するので法律の優位と呼んでいる。**「憲法は法律に優位する」**といわれるが、これは憲法違反の法律は違憲だから無効だということである。それと同じように法律違反の行政活動は認められないという意味である。

たとえば、**独占禁止法**という法律がある。これは公正な競争をさせることによって公正な取引を実現させることを目的とした法律である。この法律の中には、「カルテルは禁止」するという条文がある。カルテルとは価格協定を業者間で締結することである。

これを禁止する目的は、市場で価格競争をすれば価額が下がって消費者にとっては満足するはずなのに、カルテルが結ばれると価額が下がらなくなるのでこれを防止しなければならないということである。こうした意味からカルテルの禁止の条文が置かれているわけであるが、たとえば、経済産業大臣が、石油業界の連鎖倒産の危機を乗り切るために、各業者に「ヤミカルテルを結んではどうか」という行政指導を行ったとしよう。

そうするとこれは独占禁止法違反になる。つまり経済産業大臣は、行政機関であるからその行政機関自身が独占禁止法という法律で禁止されているカルテルというものを勧める、このような行政活動は明らかに法律に違反する。

そもそも、**「法律優位の原則」**とは、行政活動は存在する法律に違反できないことである。法律優位の原則が機能するのは行政活動を規制する条文が定められて存在している場合に限られているということである。

したがって、先の例でいえば独占禁止法のような条文がある場合には、その条文に反するような行政活動はできないというのが「法律優位の原則」である。

そこで、法律のない分野については、行政は自由に活動できるのだろうか。たとえば臨検の結果、労働基準監督官がある会社に対して労働者に対する過去2年分の未払残業代について支払いをするような命令を出そうとしていた。

では、このような未払残業代を労働基準監督官が会社に対して支払命令を出すことができるのだろうか？

この場合、「会社に対して未払残業代を2年間さかのぼって支払えと命令してはならない」という法律はない。だから、前述した法律優位の原則からすると、法律が存在しない以上、行政は自由に命令してもよいということになる。逆に未払残業代を2年間さかのぼってよいと定めている法律もない。

しかし、労働基準監督官が未払残業代につき、法律によらず、つまり、国民の声が及ばないところで、会社に対して2年間さかのぼって支払えということは、会社の財産権を侵害したことになる（**憲法第29条1項**）。

もっとも、「行政は財産権を侵害してはならない」「行政は民事事件に介入してはならない」というような行政活動を規制する法律を無数に作れば、**「法律優位の原則」**だけでも何とかいけるが、それにも限界がある。だから法律がなければ行政は何をしてもよいとするのは権利保護の観点からは妥当ではない。そうするとこの法律優位の原則だけでは、すべての行政活動を十分にコントロールすることはできないことになる。そこで、もっと強力に行政をコントロールするのが次に述べる**「法律の留保原則」**である。

## ② 法律の留保原則

法律の留保原則とは、行政活動が行われるためには、必ず法律の根拠が必要であるという原則である。この原則は現に法律が存在していない場合、行政活動は何をしてもよいというわけではなく、そのような行政活動を行ってもよいという法律の根拠（**授権**）がなければ活動できないということを規律するものである。

問題となるのは、どのような行政活動に法律の根拠が必要なのか、換言すれば、あらゆる行政活動に法律の根拠が必要なのかということである。この点に関してはいくつかの見解がある。

### a 侵害留保説

行政権が相手方国民に対し、一方的に財産・自由を侵害する活動については、法律の根拠規定（**法律による授権**）がなければすることができないとする考え方である。国民に利益を与えたり（たとえば補助金の交付等授権処分）、国民の権利義務と無関係な活動（たとえば行政指導等の非協力作用）には法律の根拠は不要であり、行政機関独自の判断で自由になしうることになるとする説は、行政実務の考え方といわれている。ここで「侵害」というのは、国民の意思を無視して一方的に有無を言わさず制約するという意味である。「財産」とは、財産権のことである。財産権も自由権の一種であるから、自由を侵害する活動のみに根拠法が必要だという趣旨である。

「自由と財産」の侵害的な行政活動の例としては、たとえば、税金を支払えという課税処分や土地の収用等をあげることができる。

これらの行政活動は国民の自由と財産を侵害するものだから、根拠法で民主的にコントロールされた状態でしかできないのである。自由意思を認めない、有無を言わせないで一方的に行う行政活動には国民の権利・自由を侵害する危険性が非常に強いからである。したがって、このような場合には、根拠法を定めて人権を守っていこうというわけである。自由と財産の侵害的な行政活動以外は、行政庁は法律の根拠なく行政活動を行うことができる。すなわち、侵害的な行政活動以外は行政の自由活動領域ということになる。この見解に対しては法律の根拠が必要な行政活動の範囲、換言すれば民意の支配する範囲が狭いのではないかとの批判がある。

### b 権力留保説

次に、**「権力留保説」**である。権力的な行政活動のみが根拠法が必要で、それ以外の行政活動は根拠法なしに自由にできるという考え方である。**権力的**（公権力的）とは、国民の自由意思を無視して有無をいわさず一方的に行うことである。そうすると侵害説に似ているが、次の点に違いがある。

先の侵害留保説は、自由と財産の「侵害」を権力的に行う行政活動に根拠法を必要とする考え方である。権利を制限したり、義務を課する、つまり、国民に不利益を与える行政活動を権力的に行う場合のみ法律の留保が適用されるとする考え方である。

これに対して権力留保説は権利を与えたり義務を免れさせる行政活動、つまり利益を与えたり、不利益を与える行政活動の場合も含めて、およそ権力的に行う行政活動には根拠法が必要だと考える説である。

したがって、課税処分や土地の収用等に根拠法が必要なのは当然である。たとえば、国民に年金を給付するとか、あるいは中小企業に対して補助金を交付することにも、それが権力的に、つまり行政行為の形式で行われる限り、根拠法が必要となるのである。

年金や補助金を与えるという意味でこれらは国民に利益を与える行政活動であるが、金額や給付対象者等が給付決定により一方に決められるのであって、国民の意思を尊重して話し合い等で決められるわけではないから、権力留保説によれば根拠法がないと行政活動ができないということになる。一方、侵害留保説によれば、これらに根拠法は必要ないということになる。つまり、年金の給付を受けるということは、お金をもらうということになるから、お金をもらうことによって自由と財産が侵害されるわけではないからである。

**【根拠法が必要な範囲】**

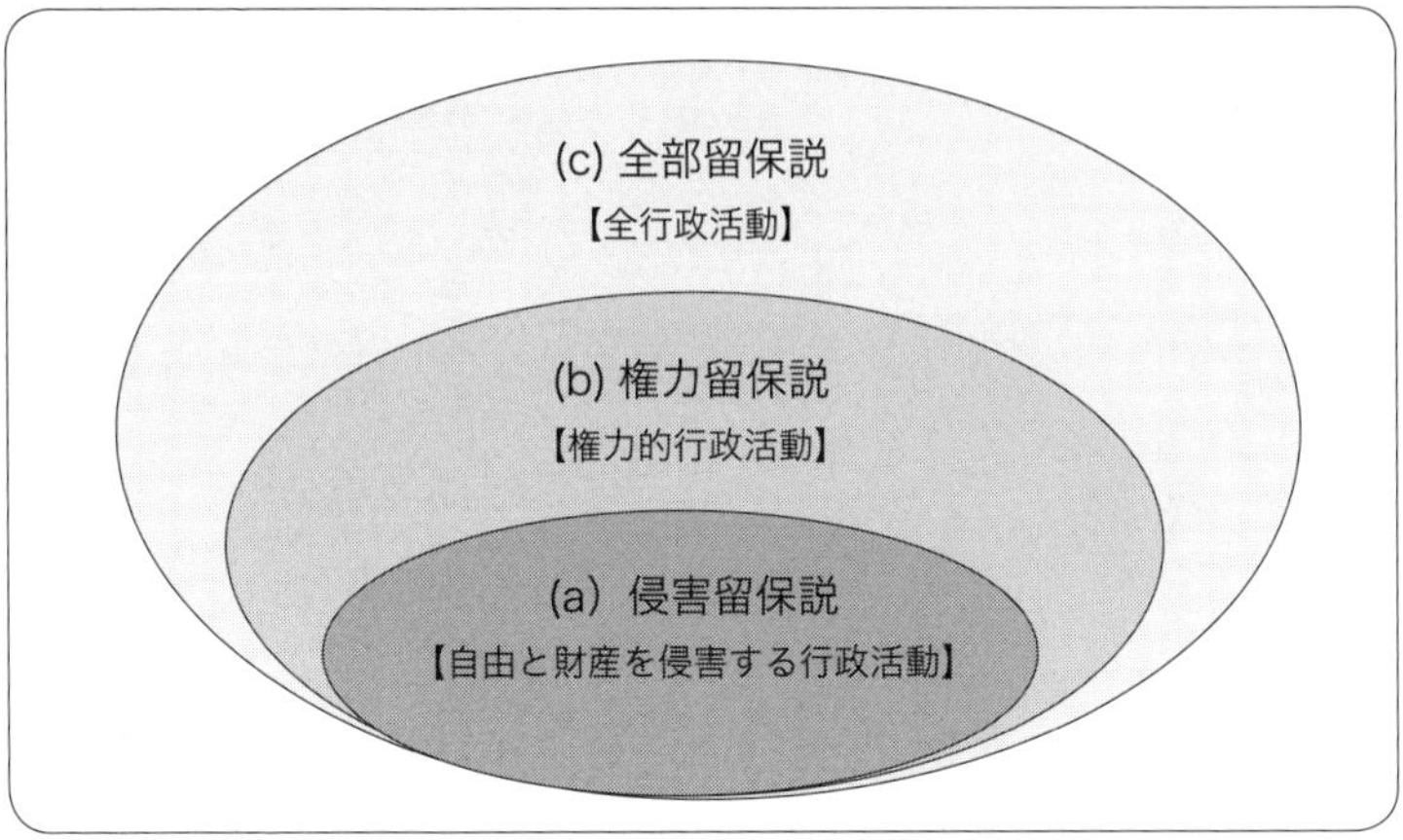


## C　全部留保説

**「全部留保説」**とは、行政活動にはすべて根拠規定が必要だとする説である。すなわち、この見解はあらゆる行政活動については、法律の根拠を必要とするというものである。この見解によると行政の自由な活動領域を一切認めないことになる。

侵害留保説では、根拠に規定が必要とされなかったが、**授益処分**（利益が与えられる場合）や**非権力作用**にも法律による授権が要求される。しかし、この考え方によると、法律の根拠がなければ行政は何もできないことになる。

行政が国民に対して何らかの給付をすべき緊急の必要性があっても、法律も根拠処分がないから何もできないというのでは行政の責任を果たすことができないとの批判がある。

全部留保説によると警察官の地理案内にも根

拠法が必要となる。たとえば、警察官が国民から道をたずねられた場合に、根拠規定がないから教えてあげたくても教えられない、ということになる。

思うに、法律の留保原則は、法律による行政の原理の一内容であるところ、行政機関による公権力、恣意的行使を防ぎ、国民に予測可能性を与えることで権利・自由を保護するという同趣旨に鑑みれば、行政が国民の権利を制限したり、義務を課したりする点において民主的コントロールが及ぶことが必要である。また、基準として明確である必要がある。そこで、少なくても行政が国民の権利を制限し、または義務を課す活動については根拠規定が必要であると考える。

現在では、公権力の行使の性格を有する行政活動には、法律の根拠が必要であるとする権力留保説や重要事項については法律の根拠が必要であるとする**重要事項留保説**（本質留保説ともいわれている）という考え方もある。しかし、行政実務上は、侵害留保説が維持されている。

**③法律の専権的法規創造力の原則**

法律による行政の原理の三番目の内容は、**「法律の法規創造力の原則」**である。これは、新たに法規を創造するのは、法律すなわち、立法権の専権に属することであって、行政権は法律による授権がないかぎり法規を創造することができないとするものをいう。ここでいう法規とは国民の権利を制限したり、義務を課する法規範のことをいう。この法規は、人権の主体である国民にとって重大な関心事であるから法律によって、つまり国民自ら選んだ国会議員によって構成されている国会によって民主的にコントロールしながら定められるべきだという原則である。

ところで、この原則が関連してくるのは行政立法の部分である。行政立法とは行政機関が法を作る活動で行政行為や行政契約、行政指導と並ぶ行政の活動形式の一つである。法律の専権的法規創造力の原則からすれば、行政機関が法規を内容とする法を作ることは、原則としてできないということになる。わが国においては、**憲法第41条**でも「国会は国権の最高機関であって唯一の立法機関である」と規定しているからである。しかし、現代の行政活動は広範かつ専門的になってきており、行政活動全般にわたって国会がありとあらゆる事項を規定して法律を作ることに限界がある。なぜなら行政法の数はすこぶる多く、個々の法律で全ての事項を余すところなく定めることは不可能である。もし、法律で細かな事項（細目）まで定めていたら条文が長くなり過ぎ、かえって国民の理解を妨げる結果になるからである。

そこで、行政機関が自ら立法する必要がある。たとえば、**道路交通法**（以下**「道交法」**）では、「交通信号の意味……その他……必要な事項は、政令で定める」こととされている（**道交法第4条第6項**）。政令とは行政立法の一種である。そこで、次に政令（**道交法施行令**）を見ると、「青色の灯火」、「黄色の灯火」、「赤色の灯火」すなわち「青進め、赤止まれ」という信号の意味が明示されている。このように、交通信号の意味は実は法律自身ではなく、行政立法に書かれているものである。ただ、**憲法第41条**は国民の代表として国会に立法権を与えているから、国民の権利・義務にかかわる規範をつくるためには必ず国会を通さなければならない。すなわち、法律の委任がなければ、行政機関に国民の権利・義務にかかわる規範の定立を委ねることはできないのである。この点、**憲法第76条第6号**本文では「この憲法及び法律の規定を実施するため政令を制定すること」を規定している。これは内閣（政府）が制定する命令である「政令」の制定を前提としている条文であるから、行政立法の制定を憲法は容認しているといえよう。

このような理由から、行政機関も一定の要件のもとで法律（一般的・抽象的なルール）を制定することができるのである。これを**「行政立法」**または**「行政の立法」**という。

## 8 行政法の一般原則

すべての行政には、憲法ないし条理法に基づく、**法の一般原則**が適用される。この、法の一般原則とは、すべての場面にあてはまる、法の原則・原理のことである。これには、以下の**「信頼保護の原則」**、**「比例原則」**等がある。

### (1) 信頼保護の原則（信義則）

信頼保護の原則は、その根拠を**民法第1条第2項**に定められた信義則に求めることができる。**信義則（信義誠実の原則）**は、相互に相手方の信頼を裏切らないよう行動すべきであるという原則であり、この原則は民法上にとどまらず、法律関係全般に妥当するものであると解されている。行政上の法律関係にも適用されるものであるが、信頼を保護しようとすると、法律による行政の原則と両立しないケースが生じることがある。

こうした判例には、村長改選により工場建設が不可能になった事件で、従前の同村の企業誘致に応じて進出準備をしていた企業に対して、損害賠償責任を認めた事案**（宜野座村工場誘致事件　最判　昭和56年1月27日）**がある。このケースのように、信頼保護の原則が適用されるためには、たとえば、長い期間にわたり工場誘致のために、実際に奨励金が出されていた、といった具体的な行政の措置があったといった事情が必要である。また、国民の側からすれば、単に行政の措置を信頼したというだけでなく、実際に資金や労力を投資したといった国民の信頼を保護するだけの事情が必要とされる。

## (2) 権利濫用の禁止の原則

権利濫用の禁止の原則は、その根拠を**民法第1条第3項**に求めることができる。**権利の濫用**とは、権利の行使にあたってその正当な範囲を逸脱し、正当な権利の行使とは認められない状態をいう。つまり、誰が見てもおかしな要求や、無理難題を押し通すために権利を行使することである。

行政行為においても、権利濫用の禁止の原則が適用される。

判例には、個室付き浴場業の開業を阻止することを主たる目的としてされた知事の児童遊園設置認可処分が、行政権の著しい濫用によるものとして、**国賠法第1条第1項**にいう公権力の違法な行使にあたるとされた事案（**トルコ風呂営業停止国家賠償・上告審　最判　昭和56年5月26日**）がある。

この事案は、今でいうところの、風俗営業施設（旧通称トルコ風呂、その後、改称されたソープランド）を作らせないようにするために、その計画を聞きつけた行政が、風俗営業施設は、児童遊園の一定範囲には作れないという規定を用いて、同施設を排除する目的で、計画された場所の近隣に児童遊園を設置したケースである。もちろん、そのような目的でわざわざ児童遊園を設置することは認められず、裁判では行政が敗訴している。

もっとも、もとより児童遊園があった場所の一定範囲内に、風俗営業施設建設の話が持ち上がったのであれば、同施設の設置を排除することができたことはいうまでもない。

## (3) 平等原則

**平等原則**とは、法の内容及び適用の平等を要求するものである。**憲法第14条第1項**は、「すべて国民は、法の下に平等であって、人種、信条、性別、社会的身分又は門地により、政治的、経済的又は社会的関係において、差別されない」と定めているが、この条文を根拠に、行政が合理的な理由なく、国民を不平等に取り扱ってはならないという原則が導かれている。

たとえば、図書館の利用申請に対して合理的な理由もないにもかかわらず、ある人の申請に対しては許可し、他の人の申請を不許可とすることは許されないとか、労働基準監督官が臨検の結果、未払残業代につき合理的な理由もないにもかかわらず、ある会社には2年間のさかのぼり、また別の会社には6か月という行政指導または行政調査を行ったような場合がそれである。

## (4) 比例原則

比例原則とは、目的と手段の均衡を要求する原則である。つまり、不必要な規制や過剰な規制を禁ずるものであり、ある目的を達成するために、必要最小限度を超えた不利益を課するような手段を用いることを禁止する原則である。

これは、行政の目的を達成させるために国民の権利を制限する場合、必要な限度を超えて過大に制限を加えることは好ましくないという趣旨である。

たとえば、道路交通の安全という見地からは運転免許の停止のみで充分足りるにもかかわらず、免許の取消を行ったような場合が、ここでいう比例原則に反することになる。行政の目的を達成するために国民の権利を制限する場合、必要な限度を超えて過大な制限を加えることは好ましくないのである。

そこで、制限は必要最小限であることが求められるのである。このような比例原則は、警察活動を抑制することを目的とした**警察三原則**に由来する。この三原則とは、①警察公共の原則、②警察責任の原則、③警察比例の原則の三つである。まず①の**警察公共の原則**は、民事不介入の原則のことをいい、②**警察責任の原則**とは、責任無能力の行為には発動しないという原則であり、最後の③**警察比例の原則**とは、重要な事態については強く発動し、軽微なものについてはそれ相応の程度しか発動しないという原則をいう。警察比例の原則はドイツ警察法に由来するものであるが、これを英米法では、「LRAの基準」と呼んでいる。

すなわち「より制限的でない他の取り得る規制手段があれば、それを選択すべきだ」という原則ということになる。このような原則の下では警察活動は、必要最小限度にとどまるべきであり、その行使態様は、除却されるべき障害と比例したものでなければならない。目的と手段のバランスが必要なのは、何も警察権限行使の場合に限定されないことから、今日では権力的行政作用全般に妥当する原則と解されている。

## (5) その他の原則（前記に比べて、比較的新しい原則）

### ① 公正・透明の原則

公正・透明の原則は、国と地方公共団体の関係の公正・透明性を確保するため、国の関与の手続きと係争処理手続を定めた行政手続法に明文化されている。同法には、関与に関する手続きについて、書面の交付、許可・認可等の審査基準や標準処理期間の設定、公表等が定められている。

## ② 説明責任（アカウンタビリティ）の原則

説明責任の原則は、国民主権の原理から導かれるとされており、**行政機関の保有する情報の公開に関する法律**（平成11年5月14日　法律第42号）では、国民にその諸活動を説明する責務が政府にあることが明文化されている。

# 第四章

# 行政行為

Live as if you were to die tomorrow
Learn as if you were to live forever
明日死ぬと思って生きなさい
永遠に生きると思って学びなさい

Scientia potentia est
知は 力なり

## 1 行政行為

### (1) 行政行為の意義

民法においては、私人間（国民間）に法律効果を発生させるものとして**「法律行為」**がある。法律行為とは、当事者が意欲したところに従い、法律的な効果を発生させる行為である。売買契約等がその典型例である。当事者が物の売り買いをしたいと思って売買契約を締結することによって、物の所有権が移転し、代金を支払う義務が発生するのである。

しかし、すべての行政活動をこのような「法律行為」によっていたのでは、**行政目的の確実・迅速な実現**はできない。たとえば、税金の徴収を国民との契約で行っていたのでは、安定的な税収の確保はできないであろう。そこで、行政法においては、行政行為によって行政機関と国民間に行政上の法律効果を発生させるのである。このように、行政法は、民法の世界と異なり、行政が私人に対し一方的・権力的に働きかけて、行政目的を実現することができるのである。これを行政行為というのである。

行政行為とは、講学上の概念であり定説はないが、「行政庁が、法令に基づく公権力の行使として、具体的事実についての規律を行い、その結果として外部に対し直接に法律上の効果を生ずる行為」をいうものと定義されている。判例は、「処分とは、行政庁の法令に基づく行為すべてを意味するものではなく、公権力の主体たる国又は地方公共団体が行う行為のうち、その行為によって直接国民の権利義務を形成し、またはその範囲を確定することが法律上認められているものをいう」**（最判 昭和39年10月29日）**と示している。この行政処分は、行政行為と同じものであると考えてよいだろう。

**課税処分**を例に挙げて説明しよう。課税処分というのは、税務署長が「あなたは1、000万円の所得があるので51万円の所得税を払え」というような場合が行政行為の例である。

## (2) 行政行為の概念の特徴

以上のような行政行為の定義における行政行為の概念の特徴を少し細かくみていくことにする。

まず第一に、**行政行為を行うのは行政庁**である。行政庁とは、国や地方公共団体のような行政主体のために、その意思あるいは判断を外部に表示する権限を有する行政機関である。

たとえば、市という公共団体の機関として、市のために、各市民の住民税の税額を決定しこれを徴収する場合の市長が、すなわち行政庁である。内閣また市長といった行政庁の行為に限られるから、立法府としての国会の行為**（立法行為）**及び司法府としての裁判所の行為**（裁判行為）**は行政行為ではない。

第二に、**行政行為は、法に基づいて行わなければならない**。行政庁が優越的な地位において一方的に命令するには、法律にその根拠がなければならない。私人間における売買契約は当事者双方の合意がなければ権利の変動は生じないが、行政庁の行為は一方的・命令的であって、行政庁とその相手方である国民との間に売買契約のような当事者双方の合意を必要としないのである。

第三に、**行政行為は公権力の行使**として行われるものである。すなわち、行政庁が優越的な地位において、一方的に命令あるいは制限をしたり、法律関係を形成する行為である。たとえば、２０１１年3月11日に発生した福島原子力発電所の事故になぞらえれば、原子力関連施設で放射能事故が発生し、放射線の被爆から市民の生命・身体に対する危険を防止するため、市町村長は警戒区域を認定して、その区域内への立入りを制限したりあるいは禁止したり、また、その区域から住民を退去させることができるのである。このような行政行為を権力的行為ともいう。**「権力的」**というのは、私人の自由な意思を認めないことである。行政行為の相手方である私人の承諾なしに、有無を言わさずに行うことができるのが行政行為である。

したがって、私人の権利・自由を侵害する場合には、根拠法がないとできないという、法律による行政の原理が働くのである**（法律の留保原則）**。

他方、道路用地の売買契約**（行政契約）**のように、行政契約が成立するためには、申し込みに対して承諾が必要である。たとえば、自治体が、「道路を造りたいので土地を売ってくれないか」と、土地を所有する地主に申し込みをしても、その地主の承諾がない限り、この契約は成立しないのである。このような私人の自由意思を前提とする行為の特徴を、非権力的行為と呼んでいる。私人が「いやだ」と拒否することができる行為である。このような行為は、根拠法を必要としていないのである。

なぜならば、私人の権利・自由を侵害する恐れが小さいからである。

その他にも行政指導というものがある。前回登場した、警察官の地理案内とか、労働基準監督官の立入り調査の結果、事業主に対して「時間外労働手当3か月分を従業員に払ってください」とかがその例である。また、ゴミの分別回収で燃えるゴミと燃えないゴミを一緒に出したところ、市役所の清掃局の人に見つかれば、「可燃物と不燃物を区別してください」と注意されることだろう。これも行政指導である。

このような行政指導は、警察官が職務行為として道順を案内したり、あるいは労働基準監督官が職務行為として時間外労働手当をめぐって事業主に対して助言・指導したり、あるいは協力を求められたりするだけで、一方的にそれに従わなければならないというものではない点で、これも非権力的行為であるから根拠は不要なのである。

第四に、行政行為は、外部に対して行われるものである。行政庁の外部に対する行為という意味は、国民に対して行政庁の意思を表示するということである。たとえば、課税処分は、1、000万円を稼いだAという国民に対して税金を払えと命令するものだから、対外的行為である。これに対する概念が、対内的行為である。これは、上級行政機関が下級行政機関に対してなす、訓令・通達・承認等であるから、行政行為ではない。

訓令・通達とは、「行政機関の諸機関及び職員に対して発せられる命令または示達」**（国家行政組織法第14条第2項）**とされている。たとえば、労働基準監督官が事業主に対して、時間外労働手当をめぐって行政指導をするときに、ある労働基準監督官が指導するときは、時間外労働手当につき2年間の遡及支払を命じたり、他の労働基準監督官が行政指導するときは6か月間の遡及を命じたりするというように、バラバラで統一が取れない行政指導では、労働者の賃金保護という行政目的を達成することはできないのである。

したがって、役所の内部では、行政指導の指針ややり方等を統一するために、あらかじめマニュアルを決めておく場合が少なくない。このようなマニュアルは**訓令・通達**と呼ばれる。

第五に、行政行為は、具体的事実を規律する行為である。ここで、一般的・抽象的概念と個別的・具体的概念について説明しておこう。個別的・具体的行為というのは、一般的・抽象的な行政立法（行政立法とは行政がつくる法）と区別する概念である。

税法に基づき、税務署長が課税処分をする例を考えてみよう。

たとえば、税法は誰に対しても適用できるようになっている。不特定の人を対象としており、一般的な内容も、税金の額が具体的に決まっているわけではなく、抽象的である。

これに対し、課税処分は、「税金を払いなさい」とAにいうわけであって、国民全員に対して税金を払って下さいというわけではないのである。課税処分は、納税義務者がAと特定されており（個別的）、納税義務も具体的に決まっている（具体的）。この課税処分のように、行政行為は個別的・具体的でなければならないのである。

第六に、行政行為は、国民に対して直接的に**法律上の効果（国民の権利義務の変動、い**

**わゆる発生・変更・消滅）が生ずるものでなければならない**。法律上の効果とは、行政上の行為によって、国民は特定の権利を取得し、あるいは義務を負うことになり、また、ある権利が奪われた、あるいは義務を免れる等、現に存在する権利義務の状態が変更されることにならなければならない。

このように、行政行為は、法律行為でなければならない。先の税金の例でいえば、今、税務署長がAに対して、「100万円の税金を払え」と命令すれば、Aには100万円の税金を税務署長に支払う義務が生じるから、**行政行為は法的行為**である。

行政契約も成立すれば土地の所有権が移転したり、代金支払義務が発生したりするので法的行為である。

これに対し、法的行為以外の行政活動を**「事実行為」**という。このように、**事実行為は法的効果（権利・義務）を生ぜしめないため行政行為とはいえない。**

たとえば、先の警察官の道案内の例で説明したように、行政指導はこれによって道順どおり行く義務等が発生するわけではないので、事実行為である。

これを労使関係に置き換えてみると、労働基準監督官による時間外労働手当をめぐる行政指導は事実行為であるが、たとえば、違法な行政指導がなされ、それに従って事業主が労働者に時間外労働手当を支払わされるような場合、事業主としてはそれに従うかどうかは事業主の自由である。労働基準監督官の当該行為自体はあくまで事実行為であり、行政指導は事業主の任意の協力のもとに行政の目的を実現するものであるから、法的強制力を持つものではないのである。

したがって、法律上の効果（権利・義務）が生じないものであるから、労働基準監督官による行政指導は行政行為ということはできない。

## (3) 行政行為の成立要件と効力

法律による行政の原理から、行政行為が適法に成立するためには、行政行為の主体・内容・形式・手続きにおいて法令に適合している必要がある。

### ① 主体についての要件

行政行為が適法に成立するためには、行政行為を行う行政主体が、法令によって当該行政行為を行う権限を与えられ、かつ与えられた権限内の事項を法令にしたがって行使することが必要である。

具体的に労働法で説明しよう。

たとえば、特に危険な作業を必要とする機械（たとえばボイラー、移動式クレーン、建設用リフト）等を製造しようとして、都道府県労働局長に対して許可の申請があった場合、都道府県労働局は安衛法上の機械等の製造につき許可権限を有するから、これを許可し、または不許可にする処分、すなわち行政行為を行うことができる。

**② 内容についての要件**

行政行為が適法に成立するためには、行政行為の内容が法令に適合したものであることが必要である。それは、法の内容が法令の規定に直接違反しないだけではなく、権限の踰越・濫用にあたらないものであることを意味する。また、行政行為の内容が法律上はもちろんのこと事実上も実現できるものでなければならない。

**③ 形式についての要件**

行政行為が適法に成立するためには、法の定める形式によって行われることが必要である。法令で明文の定めのある場合はその形式によるが、明文の定めがない場合、書面または口頭のいずれによっても差し支えない。書面による行政行為の場合、法令にその理由を付記すべきことが定められていることもある。行政手続法は理由付記をかなり一般化している**（行手法第8条、第14条）**。

この場合には、理由の付記は厳格に要求される。処分の法律上の根拠を示すだけでなく、判断の根拠となった具体的な事実を特定して記述するとともに、その事実を裏付ける証拠資料や理論の根拠を明示しなければならない**（最判 昭和49年6月11日）**。

ただ単に「当方の調査によると、貴殿の申告額は時価に比し著しく低額と認めます」といった抽象的な記述では、理由として不備であり、形式上の瑕疵により処分は違法となる**（最判 昭和51年3月8日）**。

労働関係の例で説明しよう。

たとえば、会社が年少者を使用しようと、労働基準監督署長に対しその許可を申請したとしよう。これが拒否された場合、労働基準監督署長は、「あなたの会社では年少者の証明書を備えずに、児童を使用しているが、児童の健康及び福祉に有害のおそれがあるから問題があり（ここまでが具体的事実）、**労基法第56条、第57条**に違反します（根拠法の該当箇所）から拒否処分します」といった理由を必ず提示しなければならないということである。

さて、理由の提示と処分の効力であるが、これは必要な理由の提示が全くされない処分は無効であり、理由の提示に不備のある処分は取り消されると解される。

ところで、書面による行政行為は、法令に特別の定めがない限り、少なくとも一定の形式が要求される。たとえば、名宛人の氏名・住所・行為の内容・日付・教示・行為庁の記名・押印等である。また、標識等を用いることもできる。たとえば、道路における自動車の一方通行や進入禁止について、標識によっているのがその例である。

しかし、行政庁の意思は、正確、明瞭にその相手方である国民に伝えられる必要があるから、行為の内容において、もっとも適当な形式が選ばれなければならない。

行政行為は、以上のような要件を備えて初めて有効なものとなるのである。したがって、これらの要件を欠くものは、瑕疵ある行政行為として、無効とされるか取り消されるのである。

## (4) 行政行為の効力

### ① 民法の世界

民法は、一対一の関係、すなわち私人と私人との間の対等の関係を前提としている。したがって、どちらの人も相手に対して自分の意思を強制する権限を持っていない。

絵で描くとすれば、ヨコの関係ということになる。私人相互の意思が合致しない限り、権利義務の関係の変動は生じない。そのような権利の変動を目的とする法律行為を行うことは、私人の自由に委ねられている。つまり、契約自由の原則が採られているのである。契約をするもしないも自由、どのような契約内容にするのか、相手に誰を選ぶか、時期をいつに設定するかも自由である。私人間の法律関係を決めるのは、双方の「意思」である。これがいわゆる私的自治の原則であって、私法関係における基本原則である。

紛争が起こった場合にも、どちらかの主張が一方的に正しいとすることはできない。勝ち負けを決定できるのは、公平な第三者である裁判所だけである。

また、自力救済は禁止されている。自己の意思を相手に強制してその義務を履行させることはできない。

## ② 行政法の世界

行政の相手方は極めて多数（国全体なら1億2千万人以上）である。

これらの多数の私人が、それぞれ行政と対等な地位に立つということになれば、行政活動は徒らに時間がかかり、人によっては不平等が生じることにもなりかねないのである。たとえば、完全に合意するまで税金は支払わなくてよいというルールが許されるはずもない。したがって、行政行為は、行政から私人に対する一方的な命令という構成をとる。つまり、タテの関係である。だから、私人の意思を無視して、行政の一方的な判断で義務を課すことができるのである。行政と私人の法律関係を決めるのは「法律」である。つまり、私人間における法律関係が「契約自由の原則」であるのに対して、行政と私人間における法律関係は、「法律による行政の原理」が採られている。

私人の側に不服があったとしても、行政の側の主張（行政行為の内容）が正しいものと推定される（公定力）。このような行政の主張に対して不服があれば、私人は、行政不服申立て、または取消訴訟のどちらかのルートで不服を主張しなければならない。また、行政には、裁判所の判決を経由しないでする、後述の「自力執行」の権限が認められている。

## (5) 行政行為の諸効力

行政行為が有効に成立したときは、①**拘束力**、②**公定力**、③**不可争力**、④**自力執行力**、⑤**不可変更力**が認められる。

### ① 拘束力

拘束力とは、行政行為が外形的に存在すると、当事者（行政行為の相手方等関係人、行政庁自身）が、その行政行為の法律効果に拘束される効力のことをいう。

たとえば、税務署長が納税者に対し税金の賦課をした場合、それが適法であるという推定を前提として、その納税義務者に納税義務が発生するのである。そして、適法の推定を受けた行政行為がその内容に応じて法的効果を発生する力のことをいう。

このような拘束力は、その適法の推定を受けた行政行為の効力を、相手、または他の行政機関や、国民に承認させる力である。

### ② 公定力

次に公定力であるが、これが問題となるのは、行政法による行政行為が適法であるか否

**【公定力のイメージ】**

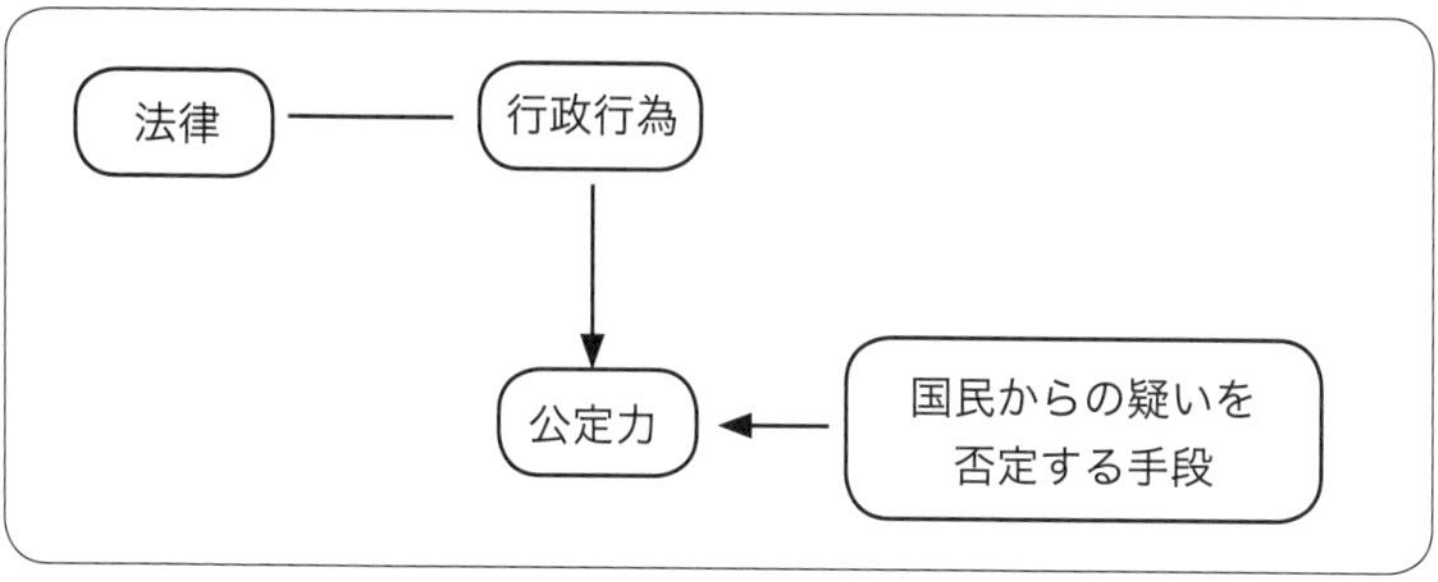


かについて相手方が疑いを持った場合に、行政庁がする適法の判断を優先させる場合である。我が国の実定法においては、行政行為の適法性の判断の優先権を行政権に認め、行政行為が違法であっても、権限のある機関が取り消さない限り、その行政行為は適法の推定を受け、有効なものとして取り扱われ、相手方、第三者、国家機関もその効力を否定できない。

この効力のことを「公定力」といっている。このような公定力を認めている明文の規定はない。これは一つの法解釈理論である。

この公定力については、奥が深いので詳述は後に譲る。

### ③不可争力

不可争力とは、国民が行政行為に不服があっても、一定の出訴期間が経過するとその行政行為の効力を争うことができなくなる効力のことである。たとえば、「１００万円支払え」としか訴えないのに税務署長が間違って、「１１０万円支払え」と言ってきたような場合、これは違法な行為であるが、この行政行為に公定力が働くため、原則として違法であっても一応有効になる。

ところが、行政行為があったときから、一定期間経過してしまうと、一応有効にすぎなかったものが確定的に有効になってしまう。これを**「形式的確定力」**ともいう。

このような行政行為について、不可争力が認められるのは、無期限に争いを起こすことが許されるとすると、行政上の法律関係が極めて不安定になってしまうので、行政上の法律関係を早期に確定させる必要があるのである。

また、あまり後になってから、行政行為が無効になると、行政行為が有効であることを前提としてなされた他の行為に影響が出るおそれがあるし、迅速に行政の目的を達成するということもできなくなるからである。それを防ぐのが不可争力というものである。

ただし、瑕疵が重大かつ明白で行政行為が無効である場合には、法制度上、行政行為の無効確認訴訟は、いつでも提起できるとされているので、無効の行政行為については、不可争力は認められない点に注意が必要である。

### ④自力執行力

自力執行力とは、行政行為によって命じられた義務を義務者が履行しない場合に、行政庁が裁判所を経由しないで義務者に対して強制執行を行い、義務の内容を実現することができる効力のことである。

この効力が認められる理由は、行政の目的を迅速かつ確実に実現することにある。

私人間において債務者が債務を履行しない場合には、債権者は自力で債務の実現を強制することはできず、裁判所の確定判決を得て、さらに裁判所による強制執行の手続きを経なければ自己の債権を回収することはできない。

民法の世界では民法上の権利、つまり契約に基づく権利に関しては**「自力救済の禁止」**という原則がある。

たとえば、AがBに対して「50万円のお金を貸した。とっくに返済期間が過ぎているから返してほしい」と、AがBに対して催告していたとしよう。このような場合に、AがBの家に乗り込んで50万円相当の物品を強制的に持ち出すということは認められない。Bには、「その金を受け取った事実はない」とか、「受け取ったが、くれると言った」とか、「まだ返済期間が来ていない」等の様々な言い分があり得るだろう。

民法では、私人同士はその関係が対等であり、力関係において優劣がないヨコの関係と考えるから、Aの主張とBの主張のどちらが正しいともいえない。したがって、どうしてもAが自分の権利を行使したいのであれば、Bを被告として裁判所に訴えを提起して勝訴の判決を手にするしかないのである。裁判所という第三者の判断を経て、初めて自分の権利を他人に強制できる。

これに対して、行政行為の場合には、行政庁自身が裁判所を経由することなく強制執行して行政上の義務の履行を確保する効力が与えられているのである。

税金の例をとって考えてみよう。

仮に、私人間のときと同様に税金を滞納している者、一人ひとりに対して行政が訴えをして、勝訴判決を得て初めて納税義務を強制できるとしたら、どうなるであろうか。裁判の数は膨大になり、解決までに何年かかるのか、見当もつかない。そこで、行政については裁判所の力（他力）を借りることなく、行政自身の力（自力）で義務を強制（執行）できるという効力を認める必要がある。この効力が自力執行力である。

また、税金の事例の他にも、行政庁が違法建築物の除去命令を出したが、相手方がこれに従わない場合に、行政庁は自らまたは第三者に依頼して違法建築物の除去を実現することができるのである。

このように、行政が裁判所を介しないで強制執行できるということは、法の世界から見れば、重大な例外を認めることになる。よって、こうした例外に対して、「行政がそれをすることができる」と認める法律の根拠が必要になってくるのである。

**⑤不可変更力**

最後に不可変更力とは、行政行為をした行政庁自身もその行政行為を変更できない効力のことをいう。

行政行為は法律に適合し、かつ公益に資することが要求されるので、行政庁は行政行為に違法なところ**（瑕疵）**があれば、職権による取消しができるし、公益上の必要性が失われたときは撤回できるのが原則である。

たとえば、税務署長甲がAに対する賦課処分を違法または不当と認めれば、甲はその処分を職権で取消しあるいは変更することができる。しかし、行政行為の中には、それを行った行政庁自身を拘束し、その行政庁が自ら取り消すことができなくなる場合がある。それは、行政行為をめぐる紛争について、行政庁の行った「紛争裁断的処分」である。

**紛争裁断的処分**とは、一定の争訟手続に従って、紛争の終局的解決を図ることを目的として行われる行政処分のことである。すなわち、行政行為に不服がある者は、その取消しを求めて当該行為を行った行政庁（処分庁）に対する異議申立て、あるいはそれ以外の権限ある行政庁に対して審査請求をすることが認められる。

異議申立てに対する応答は決定、審査請求に対する応答は**「採決」**と呼ばれる。さらに、審査請求の採決に対しては、法律で**再審査請求**が認められている場合がある。

これに対する応答も、採決と呼ばれる。これらの行政行為を行った行政庁は自ら行った決定、採決を取り消すことはできない。これを不可変更力という。

ここで、例を挙げておく。

組合活動に対する不当労働行為を会社から受けた労働組合は、都道府県庁の地方労働委員会に救済の申立てができる。地方労働委員会は、必要があれば**「救済命令」（労組法第27条の12）**という行政処分をするが、この処分は訴訟に似た手続き**（準司法手続）**を経て下される。この救済命令については、裁判所が下した判決を取り消すことができないことと同様、地方労働委員会も職権で救済命令を取り消したり、撤回することが許されないのである。そのことが法律に定められているわけではないが、事柄の性質上そのように解されている。

## (6) 公定力の各論

### ① 公定力とは

私法上の取消関係と比較して、公定力があるということはどういうことなのか、具体例で考えてみたい。

今、AがBに対して売上金として50万円の債権を持っていたとしよう。AはBに対して、債務を履行し50万円を支払うよう請求したところ、Bはそのような債権は法的に違法で無効であるから支払う必要はないと考えていたとしよう。この場合、AとBは法的には対等の関係にあり、そのいずれが正しいかは裁判所の確定判決によって決められるまで分からない。したがって、Bは判決が出るまで債権を履行するよう強制されることはない。

他方、行政処分の場合をみてみよう。

A（税務署長）がBに対し課税処分を行い、Bはその課税処分は違法であると考えて、法的に納税する必要はないと考えていたとしよう。この場合、前記の民法が適用される場合と異なり、Bは自ら取消訴訟を起こして、裁判所に課税処分を取り消してもらう等しない限り、たとえ課税処分が違法であるとしても支払いを免れないし、もし、納税を拒めば、強制徴収されることになる。

仮に、Bが課税処分を違法と考えて放置していたらどうなるのか。この場合、後述する不可争力という効力によって取消訴訟を起こすことができる期間は限定されているから、その期間を過ぎれば取消訴訟を起こすことができなくなる。そうすると、たとえ国の違法な課税処分であっても、Bには当該課税処分を法的に争う手続きが残されておらず、したがって、Bは違法な課税処分の通りに税金を支払うしかないことになる。

同様に、家主から、契約に反し過大な家賃の支払いを要求された者がこれを支払う場合と、税務署長より違法な更正処分を受けた者がこれに従い法定額以上の税金を支払った場合と比較して、過誤納金の返還の方法を考えてみたい。前者の場合には、家主の要求が違法であれば、民事訴訟を提起して不当利得の返還を請求して、法定を超える家賃を取り戻すことができる。

これに対して後者の場合は、違法な更正処分（多額の税金を支払った）場合でも、公定力が働くため、その行為は有効とされるので、いきなり民事訴訟を提起して、不当利得の返還を請求することはできないのである。なぜなら、「法律上の原因がない」という不当利得の要件を充たしていないからである**（民法第203条）**。

したがってこの場合、次のようなプロセスを踏まなければならない。まず、取消訴訟で公定力を排除する必要がある。すなわち、不服申立てや取消訴訟によって、行政行為を取り消し、違法と決める必要がある。行政行為が取り消されれば、税金を保持している理由はなくなる。不当利得の要件が充たされることになるからである。この段階になって初めて、民事上の不当利得返還請求をなすことができるのである。

ちなみに行政上の不服申立ての基本的な手続きについて定めているのが**「行政不服審査法」**であり、また取消訴訟の手続きについて定めているのが**「行政事件訴訟法」**である。

そうすると、Xは、まず出頭命令を取り消すための行政不服申立てをする。次に、裁判所に、Xに対する出頭命令を取り消してもらうということになる。そうすると、Xは、違法な行政行為によって権利利益を侵害されたのであるから、まず行政行為の取消を求めて公定力を除却しなければならない。そのための手続きが行政不服審査と取消訴訟である。

### ②公定力の根拠

#### a　自己確認説

では、行政行為のこのような公定力の根拠はどこに求められるのか。それについては様々な説がある。

まず、「自己確認説」である。この説は、かつては有力であった。この説は、「行政庁は国家の権威を代表しているのだから、権限ある行政庁が適法を確認して行う行為には権威があり、行政行為は一応適法であると推定される」とする考え方である。つまり、権威あるお役所が自ら正しいと認めて権力を発動しているのだから、一応適法なものと考えようというのである。この説によれば、行政庁は法律に反しないことを確認しながら行政行為を行っているのだから間違いはないので、国民はそれに黙って従えばいいのだということになる。

しかし、この見解に対しては、戦後の民主主義に反するとの批判がある。行政は正しいことをしているのだから国民はそれに従えという考え方は、確かに明治時代だったらそれでもよかったのかもしれないが、しかし、日本国憲法下の国民主権は、国民が行政権を中心とした国家権力を自分たちの意思でコントロールすることを含んでいるから、行政は正しいことをやっているのだから従えというのでは、国民主権とはいえないのではないか。

## b　**取消制度の排他性**

そこで、最近の学説では、取消制度の排他性という考え方で公定力の根拠を説明するようになった。この立場によれば、法律による行政の原理の下に行われる行政は、すべて公共の利益の実現を目的とするものであり、それゆえに私的な利益の実現を目的とする私人の法律行為と異なって、行政行為は法律に基づき、法律に従って行われるということがまず保障されなければならない。

このような理由から、国民主権の下で行政秩序を維持する必要があるので、正式な取消制度に訴えない限り、国民は行政行為に従う必要があるとするものである。取消制度だけが行政行為による拘束から逃れられる唯一の方法なので、これを**「取消制度の排他性」**という。

よって、このような制度を活用しないのであれば、不服を言わずに税務署長の課税処分に従えということである。それが取消制度の排他性という立場である。

なお、行政不服審査は、処分庁ないし監督庁等の行政庁に対して、違法または不当な行政行為の取消しを求める手続きであり、原則として処分を知った日の翌日から起算して60日以内に申し立てなければならない**（行政不服審査法第14条）**。

取消訴訟は、裁判所に違法な行政処分の取消を求める手続きで、処分を知った日から60日以内に提起すべきものとされている**（行政事件訴訟法第14条）**。

不服申立期間ないし出訴期間が経過してしまうと、行政行為によって権利利益を侵害されたものであっても、もはや争訟を提起して行政行為の取消を求めることができない。出訴期間（不服期間）経過後は、処分庁が職権で自発的に行政行為を取り消してくれれば別であるしかし、職権取消がなされなければ、国民はもはや行政行為の違法性を主張してその拘束を免れることができなくなるのである。

ところで、自己確認説は、行政行為につき「適法性」を推定するのに対し、取消制度の排他性説は、行政行為につき「有効性」を推定する点に違いがあることに留意する必要がある。適法性とは、行政行為が法に適合しているということである。

### ③公定力の限界

行政行為は、特定の取消制度によって取り消されるまでは有効とされるのが原則（公定力）であるが、取消制度の排他的管轄が及ばない場合がある。

したがって、公定力は、どのような行政行為にも生じるというわけではない。それはなぜか。公定力は、行政の便宜を図るためのものであり、行政に便宜を図ることが不公平になったり、便宜を考える必要性がない場合では、それを認める必要はないからである。

以下に、行政行為の公定力の限界が認められる主要なケース、a「国家賠償請求の場合」、b「刑事訴訟の場合」を紹介する。

## a　国家賠償請求の場合

違法な行政行為によって損害を被った場合には、国家賠償請求を提起することになるが、公定力が働いている場合には、まず、問題となっている行政行為を取り消さない限り、国家賠償請求訴訟を提起できないと考えられる。

しかし、公定力の効果は、取り消されない限りは当該行政行為は有効であると解されているから、違法かどうかの問題とは関係ない。よって、違法な行政行為によって損害を被った国民が国家賠償請求をする際、あらかじめ取消訴訟を提起して行政行為の取消を求めておく必要はなく、直ちに国家賠償請求訴訟を提起できる。

思うに、国家賠償請求訴訟は、問題となっている行政行為を取り消すのではなく、行政行為の違法性を理由に金銭による賠償を求めるものに過ぎず、行政行為の効果や問題となっている行政行為の取消を争うものではない。

そうだとすると、国家賠償請求をすることは、行政行為の法的効果とは無関係であり、公定力によって妨げられるものではない。そこで、国家賠償請求を行う場合、あらかじめ取消訴訟を提起して行政行為の取消を求めておくことは必要でないと解する。

この点につき、判例も「国家賠償請求は金銭的賠償を求めるものであり、行政行為の効果を否定するものではないので、国家賠償請求する前提として、当該行政行為を取り消しておく必要はない」**（宅地買収不服所有権確認請求事件　最判　昭和36年4月21日）**としている。

たとえば、労働関係における例を取り挙げてみよう。

今、労働者を就業させる事業の附属寄宿舎が、安全及び衛生に関して定められた基準に反するためその寄宿舎の使用停止処分を受けた事業主が、違法な停止処分によって損害を被ったとして、国家に対し損害賠償請求をした事案につき、裁判所が、寄宿舎の使用停止処分は違法だとして損害賠償請求を認めたとしても、使用停止処分の効力はそのまま維持されるので、その寄宿舎を使用することはできない。

すなわち、国家賠償責任を裁判所が認めたからといって、寄宿舎の使用停止の効力は何ら影響を受けることはないのである。

本件では、行政処分が違法であることを理由として国家賠償請求をするにあたって、あらかじめ当該行政処分についての取消、無効確認の判決を得なければならないものではない。

したがって、国家賠償を求める目的により提訴がなされているというだけでは、無効確認を求める法律上の利益は認められないというのである。

**b 刑事訴訟の場合**

それでは、行政行為による処分等に違反して刑事責任を問われた者が刑事訴訟で無罪判決を受けるためには、行政行為の公定力を排除するため、刑事訴訟等で当該行政行為の取消しを得ておかなければならないか。つまり行政行為の公定力は刑事事件に及ぶかということが問題となる。

たとえば、建設会社を営むXのところで、建設現場で作業中に死亡事故が発生したとしよう。このため、現場や事務所に労働基準監督署からの立入調査があった。その結果、死亡事故の原因は労働者の借金苦による自殺であることが判明したとする。それにもかかわらずXは労働基準監督署から、２週間の工場停止処分という行政処分を受けた。

Xはその行政処分は間違いであるとして、処分に従わず、無視をして工事を継続していた。そうしたところ、Xは起訴され、刑事裁判に発展してしまった。

当然、Xはこの刑事裁判において、工事停止処分が違法、つまり、労働基準監督署長のミスであることを理由に無罪を主張した。

工事停止処分は行政行為であるから、公定力が働くとすれば、工事停止処分は有効だから国民は従う義務がある。したがって、Xが工事停止処分の違法を理由に無罪を主張するのであれば、まず取消訴訟を提起し、工事停止処分を取り消しておく必要があるのではないかとの問題が生じる。

この点に関しては、刑事裁判では人権保障の観点から、無罪の推定が及ぶため、犯罪の立証責任は検察側にある。したがって検察側から犯罪を立証して、初めてXは犯人になるわけである。処罰されそうになっているXが「処分が違法だから無罪」だと主張するのに取消訴訟を前提とするのでは、Xの負担が大きすぎて気の毒である。むしろXに立証させるべきではない。司法の素人であるXが、工事停止処分を違法・無効だと主張するのは大変なことである。

したがって、こうした刑事裁判の場合には、公定力は及ばないと解することが妥当とされている。つまり、Xは無罪を主張するために、取消訴訟を提起して、判決を得る必要はないということである。

ところでXが刑事裁判で無罪になったとしても、Xの工事停止処分は公定力により有効であるから、したがって、工事停止処分を取り消すことはできないのである。なぜなら、Xが無罪になったからといって、国（労働基準監督署）に工事停止処分を取り消す義務が生じないからである。

結局、Xが工事を再開するためには、工事停止処分の取消訴訟を提起しなければならないのである。

## 2 行政行為の種類

行政行為にはいろいろな種類がある。たとえば、国民の権利を制限したり義務を課したりする「侵害的行政行為」と、国民に権利を付与したり義務を免除したりする「授益的行政行為」という分類をすることができる。侵害的行政行為の例としては、飲食店の営業許可を取り消す処分等があり、授益的行政行為の例としては、飲食店に営業許可を与える処分が挙げられる。

## (1)「法律行為的行政行為」と「準法律行為的行政行為」

行政行為は、行政庁の意思表示を要素とするかどうかの点から、法律行為的行政行為と準法律行為的行政行為に分類される。

「法律行為的行政行為」とは行政庁が一定の法律効果の発生を欲する**意思**（**効果意思**）をもち、それを外部に表示すること（**表示行為**）によって成立する行政行為のことをいう。効果意思と意思表示を要素とすることになるから、民法の「法律行為」と似ているので、「法律行為的」と表現している。具体例をいくつか挙げよう。

たとえば、Aの申請があった場合、営業の許可をしようと行政庁が意思決定をし、許可処分をしたときは（**表示**）、営業をすることができるという効果がAに生じる。また、事業主から解雇予告除外認定の申請があった場合、労働基準監督署長がその認定をしようと意思表示をし、事業主に対し、認定処分をしたときは（表示）、事業主は労働者に対して解雇予告しなくても解雇することができるという効果が発生するのである。すなわち、意思表示どおりの効果が発生するのである。このような行政行為を法律行為的行政行為という。

これに対して、準法律行為的行政行為とは、行政庁の判断なり認識の表示に対し法律により一定の法的効果が発生する結果、行政行為とされるものをいう。建築確認処分は準法律行為的行政行為であるが、具体的にこれがどのような効果が生じるかをみていこう。

Aが建築主事に対し、建築確認の申請をしたところ、建築確認処分をした。このとき建築主事はAが申請した設計図等の書類をみて、この設計図が建築基準法に合っているかどうかを設計図と法令集を見比べて客観的に判断するのである。これは建築物が建築基準法に合致していることを判断 **（確認）** したにすぎないのである。

建築主事は別にAに対し建築工事を許可しようという意思を有しているわけではないのである。つまり、建築主事の意識の内容としては「Aの申請が建築基準に達しているか否かを判断するだけであって、Aに建築の許可を与えるという意思を有しているわけではない」のである。

しかし、この判断（確認）がなされると建築基準法という法律が動き出してAは適法に建築工事ができるようになるのである。

このことは、建築主事の意思表示に基づく効果ではなく、建築基準法の想定によって、建築工事ができるようになるということなのである。

なぜ、このような区別をするのかというと、法律行為的行政行為は意思表示を要素とするものだから、裁量の余地があり、かつ「附款」（たとえば、「許可する。ただし、4月1日から」等ただし書のことである。「附款」については後述する）も付し得るが、意思表示を要素としない準法律行為的適行政行為には裁量の余地がなく、また附款を付す余地もないことを明らかにするためである。

## (2) 命令的行為と形成的行為

法律行為的行政行為は、**「命令的行為」**と**「形成的行為」**に分けられる。

### ① 命令的行為

命令的行為とは、国民に対し、国民が本来有している自由を制限して一定の作為義務、不作為義務を課し、またはこれらの義務を免除することを内容とするものである。これにはａ「下命」、ｂ「禁止」、ｃ「許可」、ｄ「免除」という四つの行為がある。

#### ａ 下命

「下命」とは、作為（作為義務は何かをすることを命ずること）、給付または受認を命令する行為を、「禁止」とは不作為を命ずる行為をいう。

「作為を命ずる行為」とは、労働時間の適正な把握のために使用者が講ずべき措置に関する基準に適合しない使用者に対する行政指導をするとか、排出基準に適合しない工場のばい煙施設を改善する命令のように**（廃棄物処理法第8条）**、ある事実行為を行うことを命じることである。

「給付の下命」とは、税務署長の行う租税の賦課処分のように税金の納付を命ずることである。

また、「受認の下命」とは、自己の身体、財産に加えられる事実上の侵害すなわち強制に対し抵抗せず、これを受認すべき義務を命ずることである。たとえば、結核予防法等に定める健康診断の受診命令のような場合である。

### b 禁止

「禁止」すなわち「不作為の下命」とは、ある事実行為を行うことの禁止であって、道路の通行禁止とか、労働者を就業させる事業の附属寄宿舎が安全及び衛生に関する基準に適合しないものに対する使用禁止処分等の命令がこれにあたる。下命・禁止によって命令された義務を履行しない者に対しては、法令の定めるところにより、行政上の強制執行が行われ、また行政罰が科されることがある。

## c　許可

「許可」とは、国民の自由に任されている行為を一律に禁止しておき、行政目的の達成に必要な「許可要件」が満たされた場合に、その禁止を解除して、国民の自由を回復する行政行為である。

たとえば、本来自動車の運転は、運転技術さえ身につけていれば誰でも、自由に行えるはずであるが、技術が未熟な人や交通規則を知らない人が自由に運転できるとすると、事故が起こり人の生命や財産に損害を与えることになりかねない。

そこで、**道交法第64条**は何人も公安委員会の運転免許を受けないで、自動車または原動機付自転車を運転してはならないと自動車運転を一般的に禁止している。そして、法の定める要件を充たした場合にその禁止を解除して免許を与え、禁止のかかる前の状態に戻すことにしている**（同法第84条）**。

そのほか、運送事業の許可、医師の免許、風俗営業の許可等がその例である。

ところで、許可を必要とする行為を、許可を受けないで行った場合は違法行為として処罰されたり、行政上の強制執行の対象となるが、その行為が必ずしも無効というわけではない。

たとえば、Ａが許可なく貨物運送事業を行った場合は、貨物運送事業法に規定された刑罰が課せられることがあるが、許可を受けずに締結した運送契約そのものは、原則として有効である。したがって、AがBと運送契約を締結し、その履行をしたのであれば、AはBに運送料金を請求することができるのである。

### d　免除

法令・行政行為によりすでに課されている、作為義務を解除する行為である。

保護者に課せられている子女を就学させる義務**（学校教育法第22条）**を、教育委員会がその子女が病弱の場合等に免除することができる**（同法第23条）**と定めているのは免除の例である。他に、納税の猶予等がある。

## ②　形成的行為

形成的行為とは特定の者に対して、特定の権利を与えたり、包括的な地位や法律関係を設定する行為であり、一般には当然に有するものではない法律上の権利または能力を付与するところに特色がある。

形成的行為には、さらにa「特許」、b「認可」、c「代理」に分類される。

### a　特許

「特許」とは、特定の者に対して新たに権利を設定し、あるいは権利能力を設定する行為をいう。

鉱業権の許可または漁業権の免許は、特定の鉱物（金属）を採掘し、あるいは特定の水産動植物を採捕する権利を設定することで、ここでいう特許に該当する。公有水面埋立の免許、河川敷に運動場を作る場合の占用の許可、河川の流水の占用許可等も同様である。権利能力の設定とは、鉄道、電気、ガス等公企業の許可（これらは条文上「許可」となっているが、学問上は「特許」である）をいい、これらの事業を営む能力を与えることである。また、いったん与えた権利や法律上の地位を奪う行政行為を「剥奪権」という（たとえば、公益法人の解散命令や公務員の罷免等である）。

### b 認可

私人間の契約等、第三者の法律行為を補充して、その法律の効果を完成させる行為をいう。認可を必要とする場合においては、認可を受けない契約等はその効力は生じない。

具体例としては、Aがその所有する農地をBに譲渡しようとする場合、AとBとの間の売買の合意だけでは足りず、農業委員会の許可（条文上は「許可」となっているが、学問上は「認可」である）を受けなければならない。

農地の権利、移動の制限をした趣旨は現実の耕作者以外の者あるいは不適正な耕作者に権利が移動することを防ぐことによって、農地の効率的な利用を図り、乱開発を防ぐことにある。以上の許可（認可）がない限り、AとBが合意しても、売買の効力は発生しない

**【許可・認可・特許の特徴】**

| | 許 可 | 認 可 | 特 許 |
|---|---|---|---|
| 私法の契約の効力 | 有 効 | 無 効 | |
| 強制執行・処罰 | あ り | な し | |
| 対 象 | 限定なし | 法律行為に限る | |
| 裁量の広狭 | 狭 い | 広 い | |
| 重複の可否 | 可 | 可 | 不 可 |

のである**（農地法第3条第4項）**。したがって、所有権はBに移転しないし、また、AもBに代金を請求することもできないのである。

そして、許可（認可）がなされ、はじめて売買契約の効力が発生することになるのである。この許可はA・B間の売買という法律行為を補充して完全な法律上の効力を生じさせるという性質を有する行為、すなわち「認可」ということになる。

ところで、「認可」はあくまでも本体である私人の法律行為を補充する行為にすぎないから、本体である私人の法律行為に瑕疵があるときは認可後であっても、その取消しを主張することができる。たとえば、農地の売買で買主が売り主を詐欺して契約締結したとき農地の権利移動の許可がなされた後であっても、売主は売買契約の意思表示を取消すことができる。

「認可」にあたる例としては、ほかに私立学校の認可、公共料金の認可、地方債の許可等を挙げることができる。

なお、実際法令では、許可、認可、免許等様々な用語が用いられている。そこで、法令で用いられているこれらの用語は、学問上の許可または認可のいずれであるのか個々の法令規定の趣旨から判断するしかないのである。

ここで、**「許可」**、**「認可」**、**「特許」**の三者についてどのような特徴があるのか、そしてどのような違いがあるかについて、まとめてみたのが前頁の表のとおりである。

### c 代理

「代理」とは第三者（国民）が行うべき行為を、行政主体が代わってする行為で、第三者が自ら行ったと同じ効果を生じさせる行為をいう。

代理の例としては、**土地収用法**に基づき当事者の協議が整わないときに収用委員会がする収用裁決や、**地方自治法第２４７条**による市長の職務を行う者がいない場合に、知事が市民の中から臨時代理者を選任すること等がこれにあたる。

たとえば、県が道路の建設を予定しているところ、道路予定地の所有者が土地の譲渡に応じないとした場合、県は土地収用法の定める手続きに従い、収用委員会に収用裁決の申請をする。そして、収用委員会が審理した上、収用の裁決をすると、県は予定地を取得することができる。このように、本来であれば県が所有者との売買契約により所有権を取得すべきところ、収用委員会の収用裁決により県は所有権を取得することになるわけである。

## (3) 準法律行為的行政行為と4つの行為

準法律行為的行政行為には、①**確認**、②**公証**、③**通知**、④**受理**の四つがある。

### ① 確認

確認は、行政庁の判断の表示で、特定の事実（設計図が建築基準に合致している事実をいう）または法律関係の存否の内容に疑義がある場合に、行政庁が、公の権威をもって判断し、確定する行為をいう。

なお、この行為は、行政庁が公の権威をもって確定した以上、自由に変更できないという効力「不可変更力」を生ずるといわれている。

労働法関係でいえば、労働者を即時解雇する場合には、労働基準法という法律に基づいて行政庁の認定（確認）を受ける必要がある。この認定では、労働者を即時解雇しようとする使用者が解雇に関係する法令等に適合しているかどうかを公の権威をもって判断する行為といえる。

「認定」は準法律行為的行政行為の一つである。準法律行為的行政行為とは、判断、認識等行政庁の**「意思表示以外の精神作用」**に基づいて成立する行政行為である。前記の即時解雇を例にとってみると、解雇除外認定は「即時解雇してもよい」という意思を行政庁が表示するものではなく、「即時解雇しようとする使用者は関係する法令に適合している」

という事実についての判断、認識を行政庁が示すものであるということである。

## ② 公証

公証は、特定の事実または法律関係の存在を公に証明する行為のうち、法律により法律効果の発生が予定されているものをいう。

たとえば、千代田区役所に家族全員の住民票を取りに行くと、住民票には「この家は、世帯全員の住民票の原本と相違ないことを証明する。年月日、千代田区役所長公印」とある「住民票」がその例である。その他、住民基本台帳、選挙人名簿その他の公募への登録、印鑑証明書やその証明書の交付等がその例である。効果意思の表示ではない点で「確認」と同様であるが、「確認」が判断の表示であるのに対して、「公証」は認識の表示である。「公証」は、一応は争いのない事実や法律関係の存在につき、公の認識の表示によって証明する行為であり、公の証拠力を与えるのである。しかし、反証があれば、その証拠力は覆される。公証には裁量の余地はないとされている。

## ③ 通知

通知は、特定または不特定多数の人に対し、特定の事項を知らしめる行為をいう。土地収用法における事業の認定の告示等のように、特定の事業に関する観念の通知であることもあれば、納税の督促等のように、行政庁の意思の通知であることもある。

通知の効果は、行為者たる行政庁の意思に基づかず、もっぱら法律によって生ずる。

その他の例として代執行の戒告**（行政代執行法第3条第1項）**、特許出願の公告**（特許法第64条）**等がある。

**④ 受理**

受理は、届出または申請等、他人の行為たる申出を有効なものとして受領する行為をいう。申出の単なる到達という意味での受付とは異なる。受理によってどういう法的効果が生じるかは、たとえば、婚姻届等の受理により、婚姻が成立する等それぞれの法令の定めるところによる。その他の例として36協定の届出**（労基法第36条）**、就業規則の届出**（労基法第89条）**等がある。

# 第五章

# 行政裁量

Gnothi seauton
汝自身を 知れ

Cogito ergo sum
我想う 故に我あり

## 1 行政裁量の意義

**行政裁量とは、**法律が行政庁に独自の判断の余地を与えて一定の活動の自由を認めている場合のことをいう。行政裁量についていえば、**「法律による行政の原理」**を徹底する考え方からは、行政活動はあらかじめ法律によってすべて規定されていることが望ましいのはいうまでもない。

しかし、あらゆることを法律で事前に細かく定めることは不可能であり、仮にできたとして、窮屈で杓子定規の行政となり、市民の要請に柔軟に対応することはできない。これは市民にとって影響が大きいからである。

たとえば、警察官による武器の使用について考えてみよう。

犯人がピストル等を持っている場合もあれば、人質がいる場合もある。また、周囲が人込みの場合もある。このような場合に警察官がどのような方法で犯人に対し武器を使用できるかをあらかじめ法律で明確に定めておくことは不可能だろう。むしろ法律で定めることはかえって国民のためにならないといえる。そこで、警察官は**警察官職務執行法**という法律で「警察官は、（…中略…）相当な理由のある場合においては、（…中略…）必要と判断される限度において、武器を使用することができる」という旨の規定**（同法第7条）**がある。しかし、この条文では、**「相当な理由のある場合においては」**、**「必要と判断される**

**限度」**と抽象的な文字で規定することによって、「武器を使用できる状況にあるのかないのか」、「武器をどの程度使用できるのか」等の諸状況を考慮し、その都度現場の警察官の判断に委ねているのである。

それゆえ、行政裁量は、立法者（法律）がその執行者である行政機関に対し、独自の判断の余地を認めた場合に認められるのである。このような意味において、法律が行政庁に判断の余地を認めるということは、その範囲内に限り行政機関による自由な法解釈が許されるということである。したがって、その部分について裁判所による司法審査（法の解釈・適用）が及ばないということを意味する。

つまり、法律によって許容された行政庁の裁量権の範囲内にあるなら、それは当・不当の問題となることはあっても、法律適合性の問題（適法・違法の問題）とはならず、司法審査は及ばないものということである。

## 2 羈束行為と裁量行為

### (1) 羈束《きそく》行為とは

行政行為は、法令が行政庁に裁量の余地を認めているのかどうかにより、**「羈束行為」**と**「裁量行為」**とに分けている。

行政庁が行政行為を行うにあたり、根拠法令の規定が明白であり、行政庁はそれを単純に執行するにすぎない場合、その行政行為を羈束行為という。**「羈束」**とは縛るという意味だから、裁量の余地がゼロで法令に縛られた行為ということになる。

身近な例として、消費税を取りあげてみよう。消費税は国民が消費した金額の10％が徴収される。読者諸氏が、1，000円の本を購入した場合、行政は100円の消費税を徴収することができる。しかし、行政は10％を超えて徴収することはできない。行政は機械的に執行するしかないのである。つまり、**羈束行為は法律によって縛られた行為で、行政が独自に判断する余地がない行為**ということである。

## (2) 裁量行為とは

「裁量行為」とは、法律の規定がある程度抽象的であって、具体的な判断については、行政庁の選択に委ねている行為のことである。

例を挙げよう。**労基法第104条の2第2項**は「労働基準監督官は、この法律を施行するため必要があると認めるときは、使用者又は労働者に対し、必要な事項を報告させ、又は出頭を命ずることができる」と定めている。しかし、この条文だけからは、**「この法律を施行するため」「必要があると認めるとき」「必要な事項を報告させ」**等の内容ははっきりしない。

そこで、それらの具体的な内容は、労働基準監督官が諸状況を考慮し、その都度判断することになる。また、法律では、「命ずることができる」と定めているので、措置命令を出すか出さないかの判断は、労働基準監督官の判断に任されていることになる。

このように、行政庁は、法律をどのように解釈適用するのかを、労働基準監督官の判断に委ねている場合は非常に多いのである。

## 3 要件裁量と効果裁量

それでは、行政裁量の内容にはどのようなものがあるのか。これには、**(1) 要件裁量**、**(2) 効果裁量**がある。

### (1) 要件裁量

まず、**「要件裁量」**は、何が法令上の行政行為の要件に該当するかに関して認められるものである。

たとえば、国家公務員法上、公務員は「非行」に当たる行為をすると懲戒処分の対象となる。しかし、「非行」という概念は抽象的である。非行とは具体的なにどのような行為に該当すると判断するかという法律要件の解釈とそれを法律に当てはめるには、裁量を認める余地がある。

もう少しわかりやすい例を挙げて説明しよう。

今、公務員Aが1か月無断欠席した場合に、国家公務員法では「公務員に非行のあった場合、（…中略…）免職・停職・減給・戒告の処分ができる」という旨の規定が定められている。

こうした法律の要件を満たしているか否かについての裁量を、**「要件裁量」**という。先の例におけるAが「非行」を行ったとすれば、行政は、Aに対し懲戒処分をすることが可能である。逆に、「非行」を行っていないとすると、行政はAに対し懲戒処分をすることができない。

つまり、このAの無断欠勤が国家公務員法の「非行」に該当するか否かは行政が判断することになっている。これは行政に要件裁量が認められているからである。

## (2) 効果裁量

これに対して、「効果裁量」とは、法令上の要件に該当する場合に発生する機関効果としてどのような処分をするかに関して行政に認められる裁量のことである。**効果裁量とは**法律要件を満たしていることを前提に、行政行為を行うか否か、また行うにしてもどのような行政行為を選択するのかについての裁量のことをいう。

先例におけるAの無断欠勤が「非行」に該当すれば要件を満たすことになるので、**国家公務員法第81条第1項の「懲戒処分」**（免職・停職・減給・戒告）をAに対して科すことができるという効果が発生する。

そして、この懲罰を行使するか否か。また懲罰をするにしても免職・停職・減給・戒告のどの処分を選択するのかどうかは、行政が判断することになっている。

つまり、このような判断は行政に委ねた方が適切に判断できるので、法は効果裁量を行政に認めているのである。

ところで、かつては、行政裁量といえるのは要件裁量だけであるという学説と、反対に行政裁量といえるのは効果裁量だけであるという学説が対立していた。

しかし、現在では、学説・判例とも行政裁量には要件裁量と効果裁量の両方があるということで一致している。

さらに、最近では、裁量に関する議論はもっと詳しいものになっている。今日では、行政庁の判断過程（根拠法令の適用の段階）の全体を視野に入れて、次の5段階に区分することができる。

① 事実認定
② 法律要件の解釈・認定事実の当てはめ
③ 手続きの選択
④ 行為の選択
⑤ 時の選択

そのうえで、段階ごとに裁量の有無を検討するという手法がしばしば用いられている。具体例を挙げよう。

Aがある日、酒気帯運転禁止を繰り返したため、都道府県公安委員会から自動車運転免許の取消処分を受けたというケースを考えてみたい。**道交法**では、「何人も、酒気を帯びて車両等を運転してはならない」**(同法第65条第1項)**と定めている。この規定に違反すると、「都道府県公安委員会は、免許の取消ないし停止処分をすることができる」**(同法第103条第1項第5号)**と規定しているので、したがって、都道府県公安委員会には免許の取消処分をするかどうかについての効果裁量がある。

しかし、その判断過程を見ていくと、効果裁量以外にも裁量が認められている場合がある。

まず、①の**「事実認定」の段階**において、都道府県公安委員会は、飲酒運転禁止違反の事実を認定する必要がある。Aが飲酒して運転していたかどうかは、免許の取消処分を行う前提となる事実として、確定しておかなければならない。時間と場所を正確に特定したうえで、Aが飲酒等により血中または呼気中のアルコール濃度が一定数値以上の状態、あるいは数値に関係なく運転能力を欠く状態での運転を数回にわたってしていたという事実を認定する。

ここで、飲酒運転違反があったかどうかといった単純な事実は、あったか、なかったかのどちらかに決まっているので、飲酒運転があったともいえるし、なかったともいえるというような、その中間はあり得ない。したがって、この事実認定の段階では、行政裁量を認める余地はないのである。ただし、最先端の技術水準を踏まえて、事実認定をしなければならない場合等、事案によっては微妙な判断が要求されることもある。

次に、②の**「法律要件の解釈・認定事実の当てはめ」の段階**（要件裁量）であるが、Aが飲酒により運転能力を欠く状態で道路を走行していた事実が認定されると、次にそれが道交法の具体的な規定にも違反するかどうかという判断がなされる。

この場合、法律要件は数字で正確に定められているから、解釈の余地はない。つまり、Aの行為が**道交法第65条第1項**違反に当たるという判断について要件裁量は認められないということである。要件裁量が認められるのは、法律要件が抽象的で、そのために解釈の余地がある場合に限られるのである。

ところで、要件裁量の内容は、(a)法律要件の文言として、どのように解釈されるかという法律解釈レベルの問題と、(b)認定した事実を法に当てはめて、それが違法か適法化を判断するという当てはめレベルの問題の2段階から成り立っている。

また、③の**「手続きの選択」の段階**であるが、Aの行為が違法であると判断されると、今度はそれを前提にAに対して何らかの行政処分を行うことが検討される。都道府県公安委員会は、いきなり処分を行うのではなく、処分をする前に、Aに対しどのような処分をするのかを告知したうえ、Aの言い分を聴くことが法律上要求されている。この手続きを**「聴聞」**といい、適正手続の観点から、このような手続きを踏まなければならないことになっている。

**道交法**は、都道府県公安委員会が免許の取消処分または停止処分を行おうとする場合、「公開による意見の聴取」が必要であると定めている**（同法第104条第1項）**。もっとも、都道府県公安委員会が「意見の聴取」をするにあたり、どの程度の時間を割いてAの言い分を聴くか等、具体的にどのような手続きをとるかについて、都道府県公安委員会に一定の裁量が認められている。これが、手続きの選択の段階における裁量といわれるものである。

さらに、④の**「行為の選択」の段階**（効果裁量）、これはAに対する意見聴取という手順を踏んで、都道府県公安委員会は最終的にAの飲酒運転違反行為について処分をするかどうかを決定する。この段階では、効果裁量が認められることは明らかであるが、効果裁量はさらに2段階に分けて議論される。

第1に、飲酒運転違反行為に対して免許を取消すか、免許の停止にとどめるか。このようにどの程度の処分にするのが適当かにかかわる判断と、第2にある処分を適当と判断したとして、現実にその処分を行うかどうかにかかわる判断が区別される。

飲酒程度が高い場合には、免許取消処分が相当と判断されることになる（これを、**行為の選択の第1段階**という）。免許取消処分が相当と判断された場合であっても、具体的な状況の下において、都道府県公安委員会は取消処分をすべきかどうかを最終的に決定しなければならない。

この段階において、Aの反省の程度等人物評価の要素やAの行為の性質、態様、結果、社会的影響等を含めて総合的に判断することになる（これを、**行為の選択の第2段階**という）。

なお、道路交通行政の実務において、機械的に処分が行われている。したがって、違反があるのに諸般の事情を考慮して処分をしないということはほとんどない。

最後に⑤の**「時の選択」の段階**であるが、これはAに対していつ処分するかについての裁量（時の裁量）である。Aを取消処分にするにしても、それを1週間後に行うのか、3か月後に行うのか、その時期の判断は都道府県公安委員会の裁量に委ねられているのである。

以上のとおり、②要件裁量（法律要件の解釈・認定事実の当てはめ）、④効果裁量（行為の選択）、⑤時の裁量（時の選択）は、すべて行政に認められているということである。

## 4 自由裁量と司法審査

自由裁量の場合には、法律が行政庁に自由な判断をすることを認めているのだから、仮にその判断（裁量）に誤りがあっても違法ということにはならない。したがって、当不当の問題は生じたとしても、違法の問題は生じないので、司法審査の対象とはならないということになる。

しかし、行政庁が裁量範囲を超えたり、あるいは裁量権を濫用すれば、その限界を超えたことになり、その裁量による行政庁の行為は違法なものとなり、司法審査の対象となる。**行政事件訴訟法第30条**は、「行政庁の裁量処分については、裁量権の範囲をこえ又はその濫用があつた場合に限り、裁判所は、その処分を取り消すことができる」と定め、このことを明らかにしている。違法な裁量権の行使、つまり**自由裁量行為といえども、裁量の逸脱・濫用があれば裁判所は取り消せる**というわけである。

では、なぜ取り消せるのか。それは違法だからである。いくら自由裁量行為といっても、行政庁が裁量権を逸脱したり、濫用したりする場合には、裁量権の限界を超え違法になるということである。

自由裁量行為が認められているのは、政策的問題や専門技術的問題に適応するためであったわけであるから、そういう意味において些細な不正に対して不相当に過酷な懲戒をしたり、特定人のみを不利益に扱うことをしたり、適切に対応する目的以外で裁量を行使したり、全く根も葉もないいい加減な事実無根に基づいて裁量権を行使したとしたら、行政庁に自由裁量権を認めた法の趣旨に反するものといえ、根拠法なしに行政行為を行使したと同じということになり、したがって違法処分として扱われるのである。

このように、自由裁量行為といえども全く無制限な行政裁量を認めるのではなく、裁量の逸脱・濫用は違法になり、司法審査すなわち裁判所の裁判に服さなければならない。

今、裁量の逸脱・濫用は違法な行政行為と述べた。では、**「裁量の逸脱」**とは何であり、裁量の濫用とは何かということであるが、これは、法令が許容する裁量の外部的限界を超えてなされた場合をいう。たとえば、**道交法第88条**は「18歳未満の者には、運転免許を与えない」と定められているものであり、この場合、その要件に該当しないのに18歳未満の者に免許を与えたり、あるいは、比例原則に違反して必要以上に自由を制限すること等は、**逸脱**ということができる。

これに対して、**「裁量の濫用」**とは裁量の外部的限界は守られているが、法令が行政庁に裁量権を与えた目的から逸脱し、あるいは法令の要請に適合していない場合をいう。

行政庁の恣意または専断に出たものであるとか、平等原則に反して、合理的な理由もないのに特定の個人を差別的に取り扱うこと等は、裁量権の濫用にあたると考えられる。

## 5 裁量権の逸脱・濫用の類型化

このように逸脱と濫用は、理論上は区別されるが、どちらも自由裁量行為を違法にさせる機能をもつ点で、分けて認識する実益がないのではないかと考えられる。むしろ次に述べるように、どういう類型があるかを押さえておくことが必要なことではないだろうか。

ちなみに自由裁量の有無による分類をすると、**(1)事実誤認**、**(2)法目的違反**、**(3)比例原則違反**、**(4)平等原則違反**、**(5)信頼保護原則違反（信義則違反）**、**(6)他事考慮（動機の不正）**に分けることができる。

## (1) 事実誤認

誤認した事実を基礎として行政庁が判断している場合をいう。

たとえば、ある公務員が毎朝8時半に登庁して、定時までずっとまじめに仕事をしていた。ところが、処分をした側は遅刻ばかりするものと勘違いをして、職務懈怠として懲戒降格処分にしたような場合がその例である。

このような事実誤認に基づく懲戒処分は、根拠法なしに行われたものであるから違法である。

判例も法務大臣の在留期間更新につき、「判断の基礎とされた重要な事実に誤認があること等により右判断が全く事実の基礎を欠くかどうか」を審理し、それが認められる場合には裁量権の範囲を超え、またはその濫用があったものとして違法とするもの等がある（**マクリーン事件、最大判 昭53年10月4日**）。

## (2) 法目的違反（または動機違反）

裁量を認めている法律の目的（趣旨）や動機により処分等がなされた場合、裁量の逸脱・濫用として違法となる。たとえば、公務員の懲戒処分が行われたが、それは上司が個人的な復讐のために行ったような場合である。

判例は、公務員に対する分限処分に関し、分限制度の目的と関係のない目的や動機に基づいて分限処分をすることは許されないとした**（広島県公立学校長降任事件 最判 昭48年9月14日）**。

また、個室付浴場（ソープランド）の営業を阻止する目的で、県知事がその近所に児童福祉施設の設置を許可したことは、行政権の著しい濫用であり違法であるとした**（トルコ風呂営業停止国家賠償事件 最判 昭和53年5月26日）**。

## (3) 比例原則違反

憲法は、行政作用の目的とそのための手段が比例していることを要求する**（憲法第31条）**。つまり行政による規制は、必要最小限しかできないという原則である。いくら裁量といえども不必要だったり、最大限の規制ができないのは当たり前のことである。たとえば、公務員が1回遅刻しただけなのに免職処分が行われた場合である。

したがって、裁量権の行使の目的に照らし、相手に生ずる権利侵害の程度・手段が不相当に過大である場合、裁量権の逸脱・濫用になる。

### (4) 平等原則違反

平等原則違反とは差別的な取扱いのことである。法は、その内容・法適用の平等、相対的平等を要求する**（憲法第14条）**。したがって、特定の私人を合理的な理由なく差別し不利益な扱いをすれば、裁量権の逸脱・濫用になる。

ただし、平等原則が適用される前提で、高齢であることを一応の基準とした待命処分は平等原則に反しないとした判例がある**（待命処分無効確認判定取消等請求事件　最判　昭和39年5月27日）**。

### (5) 信頼保護原則違反（信義則違反）

行政庁の言動を信頼して行動した者の行動を保護する（信義則）や禁反言は行政上の関係にも適用される。

たとえば、租税法律関係においては、納税者間の平等、公平の要請を犠牲にしてもなお課税を免れしめて納税者の信頼を保護しなければ正義に反するといえるような特別の事情が存する場合に初めて、信義則の法理の適用がありうるとした判例がある**（所得税更正処**

**分等取消請求上告事件 最判 昭和62年10月30日)**。

また、この事案では、信義則の適用要件として、①納税官庁が公的見解を表示し、②納税者がその表示を信頼し、かつ信頼について納税者に帰責事由がなかったこと、③納税者がその信頼に基づいて行動し、かつ行動について納税者の帰責事由がなかったこと、④表示に反する課税処分が行われ、納税者が経済的不利益を受けたこと、が必要であるとした。

### (6) 他事考慮(動機の不正)

行政行為にあたり、考慮すべき事項を考慮せず、あるいは考慮してはならない事項を考慮した場合(行政庁が不正な動機に基づいて判断した場合)、裁量権の逸脱・濫用になる。たとえば、判例には、事業計画が**土地収用法第20条第3号**の「土地の適正且つ合理的な利用に寄与するもの」と認められるかどうかを判断するにあたり本来考慮すべき事項を考慮せず、または考慮すべきでない事項を考慮し、あるいはある事項を本来よりも過大に評価した場合、違法となるとしたものがある**(日光太郎杉事件 東京高判 昭和48年7月13日)**。

## 6 自由裁量行為を含めて、行政行為は手続的

高度に専門技術的な判断を必要とする自由裁量行為については、裁判所が処分内容の適

法性を自ら判断することは、実際上困難である。この点、行政裁量に対する裁判所による審査は、行政権の第一次的な判断についてその是非を事後的に審査するという構造を持っている。

そこで、**行政裁量**が**自由裁量**であっても裁判所は手続的デュープロセスの見地から、処分の結果よりもその手続きに着目し、適正さを欠く手続きによって処分がなされた場合に裁量権の逸脱、濫用にあたると判断するのである。

最高裁が、個人タクシーの免許につき、免許の申請人は「公正な手続きによって免許の許否につき判定を受くべき法的利益を有するものと解すべく、これに反する審査手続によって免許の申請の却下処分がなされたときは、右利益を侵害したものとして、右処分の違法性事由となるものというべきである」**(個人タクシー事件　最判　昭和46年10月28日)** としているのは、このような手続的デュープロセスの法理を認めたものということができる。

審査基準が合理的であったか、行政過程において利害関係人の手続権が保障され、裁量的判断が手続的に適正であったかを審査すべきである。これを**適正手続の保障**と呼んでいる。

## 7 監督官の職務権限逸脱は、刑法の「職権濫用罪」を構成するか

### (1) 突然の調査は、許されるか

以上、行政裁量が理解できたところで、労働法の現場で行われる調査や是正勧告等に付随する、労働基準監督署の行政裁量を考えてみる。

たとえば、調査・指導に名を借りて、監督官が会社の営業時間中、会社の人間に許可を得ることなく勝手に会社へ上がりこみ、顧客情報があふれる事務所内を歩き回り、社長の制止を振り切り、会社の事務所内で大声を上げ、演説するような行為は許されるのだろうか。

労働基準監督官の権限として、**労基法第101条第1項**に「労働基準監督官は、事業場、寄宿舎その他の附属建設物に臨検し、帳簿及び書類の提出を求め、又は使用者若しくは労働者に対して尋問を行うことができる」との定めがある。

強制力を伴う刑事手続においてさえ、**憲法第31条**に定められた適正手続の原則が適用され、**憲法第31条**により、緊急性がある場合を除き、令状なしで何人も住居（事務所も解釈上、住居に含まれる）に侵入されることがないことを保障されている。ましてや、相手方の任意の協力が原則の行政調査の一環において、一監督官が強引に会社の敷地に立ち入ることはできようはずがない。

## (2) 調査は、監督官の裁量でできるか

しかし、監督官の臨検調査は任意捜査であり、監督官の裁量で行いうるもので、その方

法は無定型であって、強制捜査と異なるという論があるならば、以下のように反駁する論もある。

任意捜査は、一般に、重大性、捜査の緊急性、必要性に比例した限度内で相当な方法によらなければならない。また、相手の承諾があれば、相手方の法益を制限する捜査も原則としては認められるが、この承諾が相手方の真意に出たものでなければならない、ともされている。

したがって、こうした事情がなく行われた調査は、違法ということになり、違法捜査の相手方から損害賠償を求められたり、あるいは、違法な職務執行として懲戒処分の対象となることがあるのは当然であるし、違法捜査の内容によっては、監督官が公務員職権濫用罪に問われる場合もある。

たとえば、労働基準監督官が、退職労働者からの申告を受け、是正勧告された残業代支払の請求に関して、会社は労使に争いのない残業代の支払いをする等の是正措置を講じ、作成した是正報告書を監督署に提出したところ受理されたとしよう。具体的には、タイムカードの打刻時刻により2年間さかのぼって労働者から支払いを請求された会社が、本当に残業をしたのかどうか同僚や上司からの聞き取り調査を含め調査し、実際に労働していた時間分の賃金並びに、残業したか否か定かでない時間については、当該労働者の賃金の3分の2の金額を、すでに支払ったというものである。その金額は、監督官が計算した額よりは少なくなったが、会社としては是正済みとして、労働基準監督署に是正報告書を提出している。

それにもかかわらず、監督官は自分が計算したとおりの残業代を支払えと、差額の支払いを促すために、再三電話をかけてきたり、会社へ訪ねてくる。

ある日も、調査と称し、監督官が勤務時間中に突然やって来て、許可なく会社に入室し、社長が制したにもかかわらず、監督官が執務室において大きな声で説明を始めた。そうすることができる根拠は、**労基法第101条第1項**と、頑として譲らない。

## (3) 調査における重大性、捜査の緊急性、必要性

こうした行為は、会社への立ち入り調査として、本当に適正なのだろうか。はたして、重大性、捜査の緊急性、必要性に比例した限度内で相当な方法なのかを検証してみたい。

まず、この案件が過去の残業代支払という民事の性質を有し、ゆえに民事不介入の原則をよそに、会社の営業時間内に仕事を中断させてまで、説明しなければならない重大性、緊急性があるとは認められない事案である。したがって、重大性・緊急性につき、監督官の違法性は阻却されない。

次に、社会通念上、本件内容が会社の事務所内で大声を上げて説明しなければならないモノではない。したがって、方法の相当性につき、監督官の行った方法は相当ではなく、

違法性は阻却されない。

最後に当該事案に関しては、是正勧告につき、既に労基法上、解決をしている内容であること、つまり、既に是正報告書が出されており、それに基づき未払残業代が支払われていることからすると、これは民事の内容であるため、監督官が遡及是正して残業代を支払えと強要する行為は職務権限を超えており、必要性に関する違法性は阻却されない。

したがって、このような場合には、まず、電話で用件を済ますことが適切であると考える。百歩譲って、事業場の立ち入りをするにしても、事前に連絡を入れ、会社の都合を聞いてから、訪問すべき事案であったと解される。

よって、こうした監督官の会社への立ち入り行為は違法であり、**公務員職権濫用罪（刑法第193条）**を構成するものと解される。もっとも、監督官が、正当な目的のもとに事業主の承諾を得て行う行為は、違法性が阻却されて、本罪を構成しない。しかし、違法な目的で、事業主の承諾を得ても違法性は阻却しない。

そこで、先の事例における監督官の立ち入りの目的を判断するに、退職した元従業員の、既に労基法上、解決した未払残業代請求につき、民事の問題にすぎない労働者の主張に従って支払えという説明に訪れたものである。当該監督官の説明内容は、民事不介入の原則を逸脱しており、これは正当な目的のもとに行われた行為であるとはいえず、職権濫用を阻却しない。

よって、このような場合、違法な公権力の行使と考えられるため、**国賠法第1条**に該当すると解される。

その他、場合によっては、強要罪、脅迫罪、監禁罪、住居侵入罪、不退去罪、名誉毀損罪、業務妨害罪等が構成されるものと解される。

## 8 臨検調査と是正勧告における、監督官の職務権限逸脱の例示

前述したように、臨検調査は行政調査であり、行政指導はあくまで指導であり、相手方の任意の協力により行われるものである。つまり、罰則を背景に、行政の言い分を強制してはならない。あくまで、法律に授権された職務権限の範囲内で行政活動を行わなければならない。

したがって、少なくとも、監督官は、次の例示のようなケースをしてはならないといえる。

【ケース1】

臨検調査において、日時、方法、内容、程度等、一方的な調査を強要すること

【ケース2】

重大性、捜査の緊急性、必要性がないにもかかわらず臨検調査を行うこと

【ケース3】

退職労働者からの申告により、労働基準監督官が事業場へ調査に入り、消滅時効にかかるまでの2年間につき、残業代の支払いを命じること。また、同じ未払残業代の支払いにつき、最初は6か月の遡及是正でよいとしていたものが、同じ事案で担当者が代わったところ、残りの1年半も支払えと、再び是正勧告をすること

【ケース4】

労使が残業時間について相互に確認をし、すでにその金額を支払い、是正報告書を提出したにもかかわらず、「タイムカードの打刻どおりに残業代を支払え」と、労働者が求めていない支払いを監督官が強要すること

【ケース5】

「消滅時効にかからない、過去2年にさかのぼって未払い残業代を支払え」と強要すること

【ケース6】

刑罰を背景に、臨検調査、是正勧告を強要すること

第六章

# 行政調査

Gnothi seauton
汝自身を 知れ

Cogito ergo sum
我想う 故に我あり

## 1 行政調査とは

行政調査とは、行政機関が行政活動を的確に行うための準備活動として、関係者に対する報告徴収、立入調査等により情報を収集する作用をいう。たとえば、税務署は課税処分の前に所得税の申告者に対して質問検査をするような場合である。

行政調査は、かつては即時強制のひとつとされていた。しかし、行政目的実現の前提としての情報収集のための調査であるという点で直接的に行政目的を実現する即時強制とは異なることから、今日では行政調査を即時強制とは別に論じることが一般的である。

## 2 行政調査の種類

行政調査は、その対象により不特定の国民に向けられた「一般的調査」と、特定人に向けられた「個別的調査」に分類できる。前者には、たとえば国勢調査、都市計画のための調査等を挙げることができる。後者には、たとえば所得税法・法人税法による質問調査、風俗営業への立入検査、労働基準監督署の臨検立入調査等を挙げることができる。

また、行政調査は調査の相手方（国民）に対する作用により、相手方の任意の協力を前提にして行われる「(1)任意調査」と、相手方の任意の協力を得られない場合に何らかの

**【行政調査の種類】**

| | 実力の行使 | 事後制裁 | 法律の根拠 |
|---|---|---|---|
| 任意調査 | × | × | 不要 |
| 間接強制調査 | × | ○ | 必要 |
| 直接強制調査 | ○ | × | 必要 |

強制力をもって行われる「(2)強制調査」とがある。このうち強制調査には、実力行使を伴う「実力強制調査」がある。

## (1) 任意調査

任意調査は前述のとおり、相手方の任意の協力の下に行うものであるから、法律の根拠は不要である。しかし、相手方の承諾を前提として行われる任意調査においては、任意の限界、すなわち調査においてどの程度の有形力の行使が許されるのかが常に問題となるのである。

具体例としては警察官の行う職務質問（**警察官職務執行法第2条第1項**）や所持品検査がある。

### ① 職務質問に付随する所持品検査

**警察官職務執行法第2条第1項**は「警察官は、異常な挙動その他周囲の事情から合理的に判断して何らかの犯罪を犯し、若しくは犯そうとしていると疑うに足りる相当な理由のある者又は既に行われた犯罪について、若しくは犯罪が行われようとしていることについて知っていると認められる者を停止させて質問することができる」と規定している（職務質問）。

犯罪の予防・公安の維持のために、警察官が令状なしに職務質問できることを明らかにしている。このような規定から警察官は、職務質問の一環として、挙動不審者の所持品について質問することが可能である。

しかし、これが、無制限に許されているというわけではないから、できるとして、どの程度のことが許されるのかである。なぜなら、所持品検査を無制限に認めるならば、わが国の最高法規である憲法が定める令状主義を無視することになるからである。

### ② 自動車の一斉検問の違法性

職務質問に関連して問題となるのが自動車の一斉検問の適法性である。職務質問は、外見からみて合理的に挙動不審と判断される者について、警察官がこれを停止させたうえ質問するものである。

これに対して自動車の一斉検問の場合、車の外見から見て運転者が不審かどうかは判別できないため、通行する車両に対し無差別に停止させてから質問するものである。

そこで、このような一斉検問は**警察官職務執行法第2条第1項**が予定していない措置として、その適法性をめぐって、任意調査として（一斉検問）の許容範囲が問題となるのである。

この点につき、最高裁は、「**警察法第2条第1項**が『交通の取締』を警察の責務として定めていることに照らすと、交通の安全及び交通秩序の維持等に必要な警察の諸活動は、強制力を伴わない任意手段による限り、一般的に許容されるべきものである」（**道路交通法違反被告事件 最決 昭和55年9月22日**）としている。

## (2) 強制調査

強制調査とは、前述したように相手方に義務を課し、または相手方の抵抗を排除しても行うことができる調査をいう。現行法上強制的な行政調査として認められる形態には、本人や関係者への質問、報告徴収、土地・建物への立ち入り、書類・帳簿等物件への調査、捜索・差押え・押収、収去等、様々なものがある。強制調査といっても、強制の程度・態様にはいくつかの段階が認められる。

### ① 実力行使を伴う行政調査

強制調査のなかで、調査を行う際に、相手方が抵抗した場合、その抵抗を実力で排除することを認める類型がある。

たとえば、収税官吏（国税庁及びその支分部局の職員）は犯罪事件を調査するために必要があるときには、裁判官の許可を得て、臨検、捜索または差押えを行うことができるとされている（**国税犯則取締法第2条第1項**）。

また、入国警備官は、外国人の入国等に関する違反事件の調査のために必要があるときには、同様に裁判官の許可を得て、臨検、捜査または差押えを行うことができるとされているが（**入管法第31条第1項**）、捜索または押収をする必要があるときは、錠をはずし、封を開き、その他必要な処分をすることができ（**同第32条**）、実力行使が認められている。

ところで、これらの実力強制調査において、法律上裁判官の許可が必要であることとされているのは、**憲法第35条第1項**によって、「住居、書類及び所持品について、侵入、捜索及び押収を受けることのない権利」が保障されているからであり、これが制約される場合は現行犯逮捕の場合及び捜索場所・押収物を明示する令状のある場合に限られているからである。

すなわち、正当な令状がなければ相手方の意に反して臨検（立入り）等を行うことができないということである。したがって、その意味において、実力強制調査における実力行使は一定の限界があるといえるのである。

なお、海上における警察活動については、船舶の進行を停止させるための武器使用が認められている。根拠は**海上保安庁法第17条第1項**である。

このような武器の使用を伴うこととなる行政調査については、実力強制調査の一環として捉えられる。

**② 間接強制調査（罰則によって担保される行政調査）**

行政調査にあたって実力の行使までは認められないが、調査拒否や虚偽報告について罰則が設けられている類型がある。この場合、刑罰の存在によって間接的に行政調査を私人に強制する結果を導くことになる。

たとえば**労基法第10条第1項**は、労働基準監督官は事業所、寄宿舎その他の附属建設物に臨検し、帳簿及び書類の提出を求め、または使用者もしくは労働者に対して尋問を行うことができるとしているが（労働基準監督署の権限）、臨検を拒み、妨げ、もしくは忌避し、その尋問に対して、陳述をせず、もしくは虚偽の陳述をし、帳簿書類を提出せず、または虚偽の記載をした帳簿書類を提出した場合には30万円以下の罰金に処するとされる（**同法第120条第1項、第4項**）。

また、**所得税法第234条第1項**は、税務署等の職員に所得税に関する調査について必要があるときは、一定の者に質問し、またはその者の事業に関する帳簿書類その他の物件を検査することができるとしているが（質問検査権）、質問に対して答弁しない場合、偽りの答弁をした場合、検査を拒み、妨げもしくは忌避した場合には1年以下の懲役または

20万円以下の罰金に処するとされる（**所得税法第242条第9号**）。

これは、最も多い強制調査の類型である。更に罰則以外のペナルティが用意されている例がある。**生活保護法第28条第1項**に基づき生活保護の実施機関の職員が要保護者に対する資産状況、健康状態等についての調査に協力が得られなかった場合、生活保護の申請を却下したり、保護の停止がなされる（**同法第4項**）。このようにペナルティとして何らかの給付が拒否される場合も、強制調査に数えることができる。

また、行政調査の受諾義務が明示されているものの、違反に対する罰則が用意されていない例がある。

たとえば、**警察官職務執行法第6条第2項**に基づき、興行場、旅館等の料理屋、駅等の多数の客の来集する場所の管理者は、その公開時間中に警察官が犯罪予防等の一定の目的のために立ち入ることを要求した場合には、正当な理由なくして拒むことができないとされるが、これを担保する仕組みは置かれていない。この場合は、観念的には強制調査といえるが、実質は任意調査に近似することになる。

なお、行政調査の根拠に規定のみが置かれ、調査受諾義務の規定が設けられていない例として、水道事業者の立入検査権（**水道法第17条第1項**）、宗教法人施設への立入調査権（**宗教法人法第78条の2第1項**）等がある。これらは、明文で関係者の同意が要件とされており、観念的にも強制調査とはいえないので、法律の根拠のある任意調査の類型に含まれる。

# 3 行政調査手続一般

## (1) 法律の根拠の要否

行政調査には強制調査と任意調査とがあり、その性質は異なっているため、一律に法律の根拠の要否を判断することは困難である。相手方の明示の同意を得て行われる任意調査を除き、私人の基本権に対する制約を伴う可能性にかんがみて、原則として法律の根拠を必要とする。ただ、相手方の同意を得て行われる任意調査については、それが基本権の制約に結びつかないで行われる限り、原則として法律の根拠は不要だと思われる。

一方、権限濫用の危険性が高い任意調査（警察官の職務質問等）については、法律の根拠を必要とする考え方があるが、権限濫用の危険性の程度を客観的に判断することは困難であるように思われる。

ただし、相手方の同意を得て行う任意調査についても私人の基本権を制約するものと認められるものについては、例外的に法律の根拠を必要と解すべきであろう。いずれにしても行政調査にも行政法の一般原則が適用されると解されることから、法律の根拠がない場合には、比例原則に照らし過度に相手方の権利・利益を制約したり自由を拘束したりするような行政調査は認められない。

## (2) 手続法の一般規定適用になじまない行政調査

**行政手続法**においては、「報告又は物件の提出を命ずる処分その他その職務の遂行上必要な情報の収集を直接の目的としてされる処分及び行政指導」**(同法第3条第1項第14号)**には適用されない。これは行政調査の性質上、行政手続法の一般的諸規定の適用になじまないとの趣旨に基づくものである。また、立入調査のような事実行為は**同法第2条第4号イ**により、そもそも不利益処分の概念に入らないものとされている。このため、行政調査の手続きに関する法律上の一般的な統制規律は存在しない。したがって、行政調査手続については個別法の定めに委ねられることになる。

個別法の規定は多種多様であるが、典型的なものを類型化するとすれば、以下のように調査手続についての規定を置く例がある。

相手方の同意等が調査の条件となる場合が少なくない。たとえば、**消防法**に基づき消防職員が個人の住居に立ち入って行う検査・質問については、「関係者の承諾」が必要となっている**(同法第4条第1項)**、建築基準法に基づき建築主事等が住居に立ち入って行う検査等についても、「居住者の承諾」が必要となる**(同法第12条第6項)**。

立入検査の際の身分証明書の携帯・掲示が調査の条件となる場合もある。たとえば、労基法は「労働基準監督官は事業場、寄宿舎その他の付属建設物に臨検し、帳簿及び書類の提出を求め又は使用者若しくは労働者に対して尋問を行う場合において労働基準監督官は、その身分を証明する証票を携帯しなければならない」**（労基法第101条第1項、第2項）**。

また、**所得税法第236条**は「国税庁、国税局又は税務署の当該職員は、**第234条**（当該職員の質問検査権）の規定による質問又は検査をする場合には、その身分を示す証明書を携帯し、関係人の請求があったときは、これを提示しなければならない」と定めているが、このように身分証の携行・提示に関する規定は少なくない。**風営法第37条第3項**のように、関係人の請求がなくても、「警察職員が立入るときは、その身分を示す証明書を携帯し、関係者に提示しなければならない」と定めているものもあり、立法論としては、後者が望ましい。

裁判官の許可状とその提示が調査の条件となる場合もある。たとえば、児童虐待の防止等に関する法律に基づき都道府県職員が行う児童の住所等への臨検や児童の捜索については、「裁判官があらかじめ発する許可状」とその処分を受ける者への提示及び身分証明書の携帯等が必要となっている**（同法第9条の3第1項、第9条の5、第9条の6）**。

なお、以上の類型の複数において共通する手続的規律として行政調査の権限が調査目的とは異なる目的に利用されることを防ぐ観点から、特に実力強制調査以外の場合において、行政調査が「犯罪調査のために認められたものと解（釈）してはならない」という規定が設けられていることが少なくない。

**生活保護法第28条第1項**に基づく権限に対する**同条第3項**、**所得税法第234条第1項**に基づく権限（税務署等の職員による質問検査権）に対する**同条第2項**、**法人税法第153条第1項**に基づく権限（税務署等の職員による質問検査権）に対する**同法第156条**、**建築基準法第12条第6項**に基づく権限に対する**同法第13条第2項**、**食品衛生法第28条第1項**に基づく権限に対する**同法第28条第3項**等がその例である。

判例は、**法人税法第153条**ないし**第155条**の質問検査権について、「犯罪の証拠資料を取得収集し、保全するため等、犯則事件の調査あるいは捜査のための手段として行使することは許されない」としたうえで、「収集される証拠資料が後に犯則事件の証拠として利用されることが想定できたとしても、そのことによって直ちに、上記質問又は検査の権限が犯則事件の調査あるいは捜査のための手段として行使されたものとみるべき根拠はないからその権限の行使に違法はなかったというべきである」としている。

これは、法律上「犯罪捜査のために認められたものと解（釈）してはならない」とされるのは、行政調査が行われた時点においてであって、その後に当該調査に基づく資料が犯則事件の証拠として使用されることは許容されうるということを示唆したものである。

## 4 令状主義・供述拒否権の適用の可否

罰則により担保され、強制力を伴う行政調査については、刑事手続と同様に、令状主義を定める**憲法第35条**や供述拒否権を保障する**憲法第38条**が適用されるかが問題となる。つまり、令状主義の要請や不利益供述強要の禁止の要請と行政手続（行政調査）との関係については、**憲法第35条**を含む**憲法第31条**ないし**第40条**（第32条を除く）の一連の規定（**憲法第31条**以下の規定）が刑事手続ばかりでなく行政手続にも適用となるのかどうかということである。この点について、三つの学説が対立している。

第一に、**憲法第31条**以下の規定については、もっぱら刑事手続に関する規律であり、行政手続については適用されないとする考え方である。これは、行政手続の適正性の要請を否定するものではなく、それは**憲法第31条**により当然に保障されており、あえて**憲法第31条**以下の規定をその手続きに適用させる必要はないものと解する立場である。これを**「不適用説」**と呼んでいる。

第二に、行政作用の性質上その適用になじまないものを除き、原則として**憲法第31条**以下の規定は行政手続にも適用または類推適用されるとする考え方である。これは個々の行政作用が刑事手続、科刑と密接に関連する場合には、当該規定が適用され、それ以外の場合には適用されないとするものである。したがって、その規定の行政調査に対する適用可能性を排除することを否定しつつ、個別の作用ごとにその適用の妥当性を判断するというものである。これを**「原則適用説」**という。

第三に、**「行政作用全般について、憲法第31条以下の規定が行政手続にも一般的に適用されるとする考え方」**である。これは、行政作用が本質的に基本権の侵害の危険性を内包するものであることを前提に、一般的に**憲法第31条**以下の保障内容が適用となるとするものである。

判例は、**憲法第35条第1項**の規定について、「本来、主として刑事責任追及の手続きにおける強制について、それが司法権による事前の抑制の下におかれるべきことを保障した趣旨であるが、当該手続が刑事責任追及を目的とするものでないことの理由のみで、その手続きにおける一切の強制が当然に右規定による保障の枠外にあると判断することは相当ではない」として、一定の範囲で憲法上の令状主義が行政調査にも及ぶことを示している。

そのうえで、**所得税法旧第63条**に基づく税務調査（質問・検査、**同法旧第70条**において調査を拒否した者に対する罰則が設けられている）について、令状主義によらなくても**憲法第35条第1項**に背反しない旨を示している。

その理由として、「強制の態様は、収税官吏の検査を正当な理由がなく拒む者に対し、**同法第70条**所定の刑罰を加えることによって、間接的心理的に右検査の受忍を強制しようとするものであり、かつ、右の刑罰が行政上の義務違反に対する制裁として必ずしも軽微なものとはいえないにしても、その作用する強制の度合いは、それが検査の相手方の自由な意思をいちじるしく拘束して、実質上、直接的物理的な強制と同視すべき程度まで達しているものとは、いまだ認めがたい」、また「国家財政の基本となる徴税権の適正な運用を確保し、所得税の公平確実な賦課徴収を図るという公益上の目的を実現するために収税官吏による実効性のある検査制度が欠くべからざるものであることは、何人も否定しがたいものであるところ、その目的、必要性にかんがみれば、右の程度の強制は、実効性確保の手段として、あながち不均衡、不合理なものとはいえない」こと等を挙げている（**川崎民商事件　最大判　昭和47年11月22日**）。

一方、判例は**憲法第38条第1項**規定についても「実質上、刑事責任追及のための資料の取得収集に直接結びつく作用を一般的に有する手続きにはひとしく及ぶ」と解して、行政手続への適用可能性を認めているが、質問調査について、「もっぱら所得税の公平確実な賦課徴収のために必要な資料を収集することを目的とする手続きであって、その性質上、刑事責任の追及を目的とする手続きではない」こと、質問検査が「実質上、刑事責任追及のための資料の取得収集に直接結びつく作用を一般的に有するものとはいえない」こと、加えて、罰則が付されているため検査を受認しなければならないものとしても、「相手方の自由な意思をいちじるしく拘束して、実質上、直接的物理的な強制と同視すべき程度にまで達している」とは、認め難いことから、所得税法の質問検査権に令状発布を要件としなくても**憲法第35条**に反するものではないと述べた。

供述拒否権を定める**憲法第38条**に関しても、一般論として行政調査権への適用可能性を肯定したものの、ほぼ同様の理論により質問検査権には適用がないとした（**前記川崎民商事件**）。

同判決からは行政調査の手続きに**憲法第35条・第38条**が適用されるかどうかは、刑事責任を追及する犯罪捜査の手続きとの連続性・類似性があるかどうかによって判断しているかにみえる。

この点、強制調査のなかでも、国税犯則事件に対する**行政調査（犯則調査）**のように、犯罪捜査と連動し、直接的な強制を伴う類型については法律上、裁判官の令状が必要とされている（**国税犯則取締法第2条第1項、入管法第31条第1項**）。

なぜなら、国税犯則取締法上の犯則調査手続は、その手続自体が捜査手続と類似し、これと共通するところがあるばかりでなく、当該調査の対象となる犯罪事件は、間接国税以外の国税については**同法第12条の2**または**同法第17条**各所定の告発により被疑事件として刑事手続に移行し、告発前の当該調査手続において得られた質問顛末書等の資料も、当該事件についての捜査および訴追の証拠資料として利用が予定されているため、実質的には租税犯の捜査としての機能を営むものであって、租税犯捜査の特殊性、技術性等から専門的知識経験を有する収税官吏に認められた特別の捜査手続としての性質を有するからである。

ただし、必要にして急速を要する場合、裁判所または裁判官の許可を得ることを要しないとされており**（国税犯則取締法第3条第1項）**、その合憲性が議論されているが、最高裁は合憲としている**（酒税法違反幇助被告事件 最大判 昭和30年4月27日）**。

ところで、税務調査のように、罰則による間接強制がおかれているにとどまる行政調査の類型については、実質的に刑事手続との関連性について個別的に判断することによって、憲法の規定の適用の有無が決せられることになると思われる。

## 5 行政調査と犯罪調査

行政調査は、所定の行政目的達成のためにのみ認められるのであり、別の行政目的のために行政権限を利用して行政機関が情報収集を行うことは、行政調査権限を付与した法律の脱法行為として許されない。このことを確認的に規定されている場合が少なくない。たとえば、**所得税法第234条第2項**は「前項の規定による質問又は検査の権限は犯罪捜査のために認められたものと解してはならない」と規定している。犯罪捜査の場合、一方において強力な捜査権が認められると同時に、他方において人権侵害とならないように慎重な手続きが設けられている。これに対し、通常の行政調査の場合には一般に手続的統制が十分ではない。手続的統制の弱い通常の行政調査を用いて、実質的な犯罪捜査を行うことは、刑訴法上の趣旨を潜脱するものであり、許されない。仮に行政調査に藉口して犯罪捜査を行い、そこで得られた証拠を刑事責任追及のために利用しようとしても、刑訴法における証拠能力は否定される。

**所得税法第234条第2項**と同旨の規定である**法人税法第156条**に関して、**法人税違反被告事件　高松高判　平成15年3月13日**は「法人税法上の質問検査の権限が、犯則事件の調査を担当する者から依頼されるか、その調査に協力する意図の下に、証拠資料を保全するために行使された可能性を排除できず、一面において、犯則事件の調査あるいは捜査のための手段として行使されたものと評することができ、**法人税法第156条違反**である」と判示した（ただし、証拠能力は肯定）。

しかし、その上告審において「質問検査権の行使にあたって、取得収集される証拠資料が後に犯則事件の証拠として利用されることが想定できたとしても、そのことによって直ちに、当該権限が犯則事件の調査または捜査のための手段として行使されたことにはならない」とし、「本件の場合には、後に犯則事件の証拠として利用されることが想定できたにとどまるから**法人税法第156条**に違反しない」と判示している**（同事件　最判　平成16年1月20日）**。

思うに、この最高裁の考え方のもとでは、行政調査によって得られた資料が犯則調査や刑事手続において、当該資料を参照利用されることは必ずしも排除されないことになる。

## 6 事前通知・調査理由

行政調査を行うに先立って、通知、通告、意見書提出の機会の付与等の事前手続につき、個別法レベルでは、このような手続きをすべきことが定められている法律がある（**都市計画法第25条第2項、土地収用法第12条第1項ないし3項、自然公園法第50条第2項、自然環境保全法第31条第2項**）。

問題はこれらの事前手続が憲法上の要請といえるのかどうかである。

この点について、最高裁は所得税法上の質問検査権行使に関連して、質問検査権を「客観的な必要があると判断される場合」に発動し得るとしたうえで、「この場合の質問検査の範囲、程度、時期、場所等実定法上特段の定めのない実施細目については、右にいう質問検査の必要があり、かつこれを相手方の私的利益との衡量において社会通念上相当な限度にとどまるかぎり、権限ある税務職員の合理的な選択に委ねられているもの」とし、「暦年終了前または確定申告期間経過前といえども質問検査が法律上許されないものではなく、実施の日時・場所の事前通知、調査の理由および必要性の個別的、具体的な告知のごときも、質問検査を行ううえの法律上一律の要件とされているものではない」（**荒川民商事件 最決 昭和48年7月10日**）と述べている。

たしかに、調査日時、場所等の事前の通知は、調査目的を阻害することにもなりかねないから、当然には必要とされない。

しかし、そうでない場合には事前通知が必要であろう（たとえば**土地収用法第12条**）。いずれにしても行政調査を行うに先立つ通知、通告、意見書提出の機会の付与等の事前通知の要請は、ただちに憲法上のものということはできないとしても、行政調査がこのような手続きにのっとって行われることは好ましく、法的整備の充実が望まれる。

## 7 守秘義務と告発義務

問題は行政調査の過程で偶然に犯罪の徴憑を発見した場合、行政機関は、当該情報を捜査機関に告発できるのかどうかである。

行政調査を行う職員は、**国家公務委員法第100条**、**地方公務員法第34条**により、職務上知ることのできた秘密を漏らしてはならないという守秘義務を負っている。

また、公務員には**刑訴法第239条第2項**により告発義務が課されている。そこで守秘義務と告発義務のいずれを優先すべきかについて学説が分かれている。

第一に**守秘義務優先説**である。この説は行政調査の過程で犯罪の証拠を発見しても告発できないとする考え方である。その理由は犯罪捜査目的で行政調査を行ったか否かは外部からは判断が困難であり、被調査者の側で立証することは困難であるから、厳格な刑事捜査の手続きを潜脱して行政調査に藉口して、または、行政調査を兼ねて捜査目的を達成しようとする誘因を除くためには、守秘義務を告発義務に優先させる以外にないと考えている。

第二に**告発義務優先説**である。公務員が行政調査の過程で犯罪の証拠を発見した場合に告発することは刑事訴訟法で義務付けられた正当行為であるから、守秘義務に違反したとしても違法性が阻却される。

第三に犯罪の証拠は、守秘義務規定が保護する「秘密」の構成要件に該当しないから**守秘義務違反の問題は生じないとする説**である。

守秘義務違反説は犯罪捜査の可能性を徹底した立場であるが、他方で、行政調査を端緒として犯罪の証拠が発見されることが少なくない。このような場合に告発できないとすれば、多数の犯罪を放置することにつながりかねない。

この点につき、最高裁は法人税の税務調査の際になされた架空名義の定期預金通帳の任意提出が端緒となった事件において「**法人税法第156条**が、税務調査中に犯則事件が探知された場合、これが端緒となって収税官吏による犯則事件としての調査に移行することを禁ずる趣旨のものとは解しえない」**（最判 昭和51年7月9日）**としている。

## 8 行政調査の瑕疵

行政調査の目的や手続きについて法律が規定を置いている場合、それに違反して行われた行政調査は違法となる。税務調査と犯罪調査とは目的が別のものであるから、犯罪捜査の目的で税務調査をすることはできないし、逆に更正決定のために犯罪調査を行うことはできない。他方、犯則調査で収集した資料を用して税務署が更正処分や重加算税賦課処分をすることはできると解されている。最高裁もこの点につき、「収税官吏が犯則嫌疑者に対し国税犯則取締法に基づく調査を行った場合に、課税長が右調査により収集された資料を右の者に対する課税処分及び青色申告承認の取消処分を行うために利用することは許される」**（法人税更正処分取消等請求上告事件 最判 昭和63年3月31日）**と判示している。

行政調査で得た資料をそのまま刑事手続で用いることが問題視されるのは犯罪捜査のための慎重な刑事手続の保障が潜脱されないようにという配慮によるものであるが、逆に裁判官の令状を得て正当な犯罪捜査で得た資料を行政処分の基礎として利用することは認められる。

ところで行政調査の結果、行政が事実認定を誤り、それに基づいて処分した場合は処分の瑕疵となる。行政調査が処分の前提として組み込まれている場合には、調査の瑕疵は処分の瑕疵を形成するものと解される**（所得課税処分取消請求控訴事件 名古屋高判 昭和48年1**

月31日)。

行政調査と行政行為は別の制度であるとして両者を峻別するもの(大阪地判 昭和59年11月30日)、行政調査の瑕疵が公序良俗違反の程度にまで至るときは行政行為の瑕疵となるとするもの(東京地判 昭和48年8月8日)、重大な瑕疵を有する行政調査によって得られた資料は行政行為の資料から排除されうるとする判例(東京地判 昭和61年3月31日)等もある。

## 9 行政の不作為違反と行政調査

行政調査の必要性・適法性は、従来、もっぱら行政機関が判断することで足りるとされていた。

しかし、最近になり、行政機関が法律により付与されたその権限を適切に行使していないということが問題となっている。すなわち、行政規制の積極的発動を求める国民の権利・利益が主張されるようになってきたのである。ただ、行政調査権(以下「調査権」という)の発動を求める国民の権利が現行法上承認された事例はそう多くはない。法律・条例が明文でこれを認めるものは稀であるし、認められている場合でもそれほど多くはない。

また、「調査権の発動を求める権利」と「一定の処分権限の発動を求める権利」とは同一ではない。このような理由から、現行法では調査請求権の承認について消極的、あるいは否定的といえる。そこで調査権の問題点をいくつか検討してみたい。

## (1) 調査権の否定論(反射的利益)

「調査権の発動を求める権利」を否定する論理は、検察官の不起訴処分に対する訴追請求権をめぐる議論の中に現れている。

取り上げるのは**東京地裁の判決(損害賠償請求事件 昭和58年9月29日)**である。この判決は、傷害の被害者が、捜査官の捜査懈怠、検察官の不起訴処分により加害者に対する損害賠償請求権が困難になったとして、国家賠償を求めた事案である。裁判所は「被害者が犯罪の捜査および公訴の提起により受ける利益は反射的に生ずる事実上の利益にすぎない」として、原告の請求を棄却した。

そこで**「反射的利益」**について確認しておこう。

「反射的利益」とは、法律上の権利といえないが、法律が公益をはかることによって間接的に私人にもたらされる利益をいう。ただし、「反射的利益」は仮にその利益が侵害された場合でも、裁判所に救済を求めることができない。

一方、法律の権利は、それが侵害されたときは裁判所に救済を求めることができる。

**【営業停止処分と取消訴訟】**

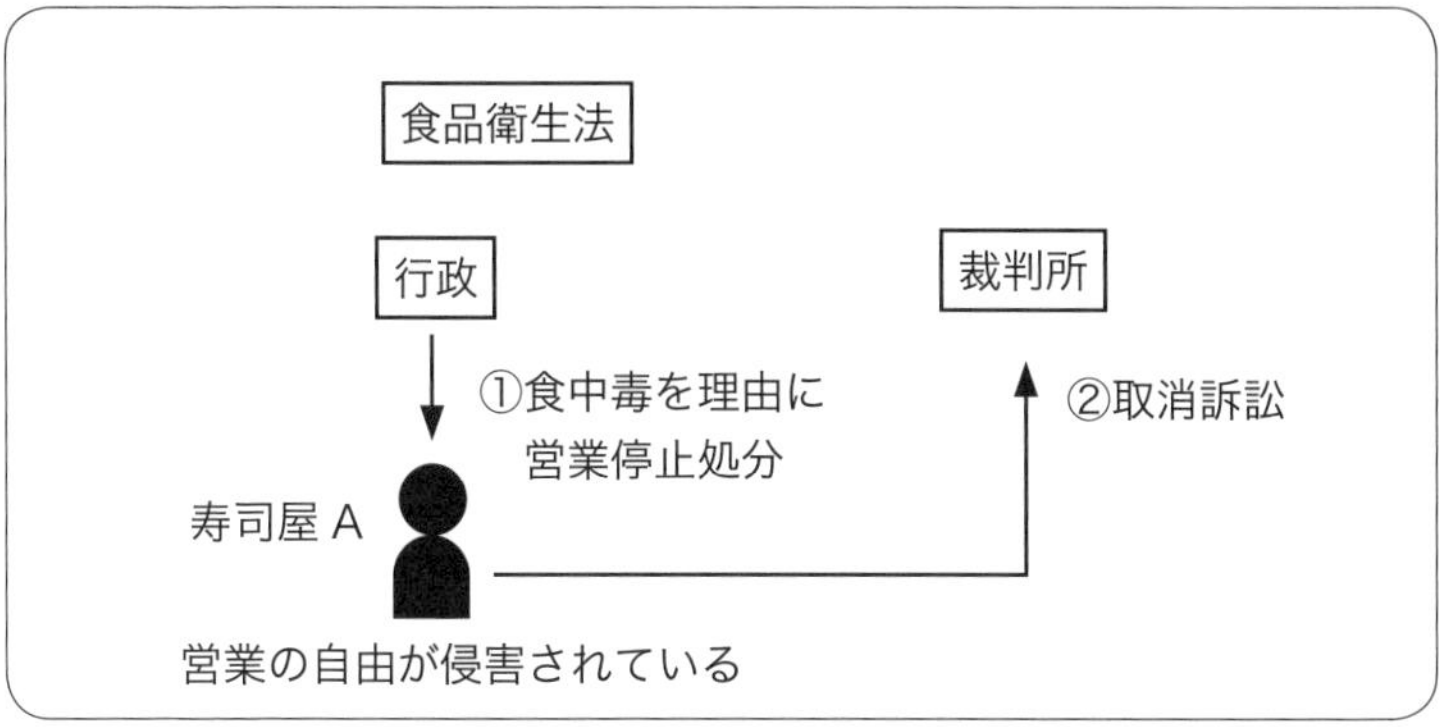


例を挙げよう。

今、寿司屋Aが食中毒を起こしたということで、行政から営業停止処分を受けたとしよう。しかし、Aには食中毒を起こしたという覚えはない。そうすると、この営業停止処分は違法処分ということになる。そこで、Aは取消訴訟を提起しようと考えている。

では、Aに**原告適格**は認められるだろうか。Aが違法な営業停止処分によって侵害されているのは、**憲法第22条**が保障する「営業の自由」であるから、Aの**「営業の自由」**が処分の根拠法（食品衛生法）によって保護されているのかどうかによる。食品衛生法では、国民の安全を守るために、安全基準が定められている。その基準を満たさない場合には、営業が制限される。逆に言えば、食品衛生法は、安全基準さえ満たしていれば、営業の自由は認められるわけである。

**【営業停止処分の反射的利益と取消訴訟 -1】**

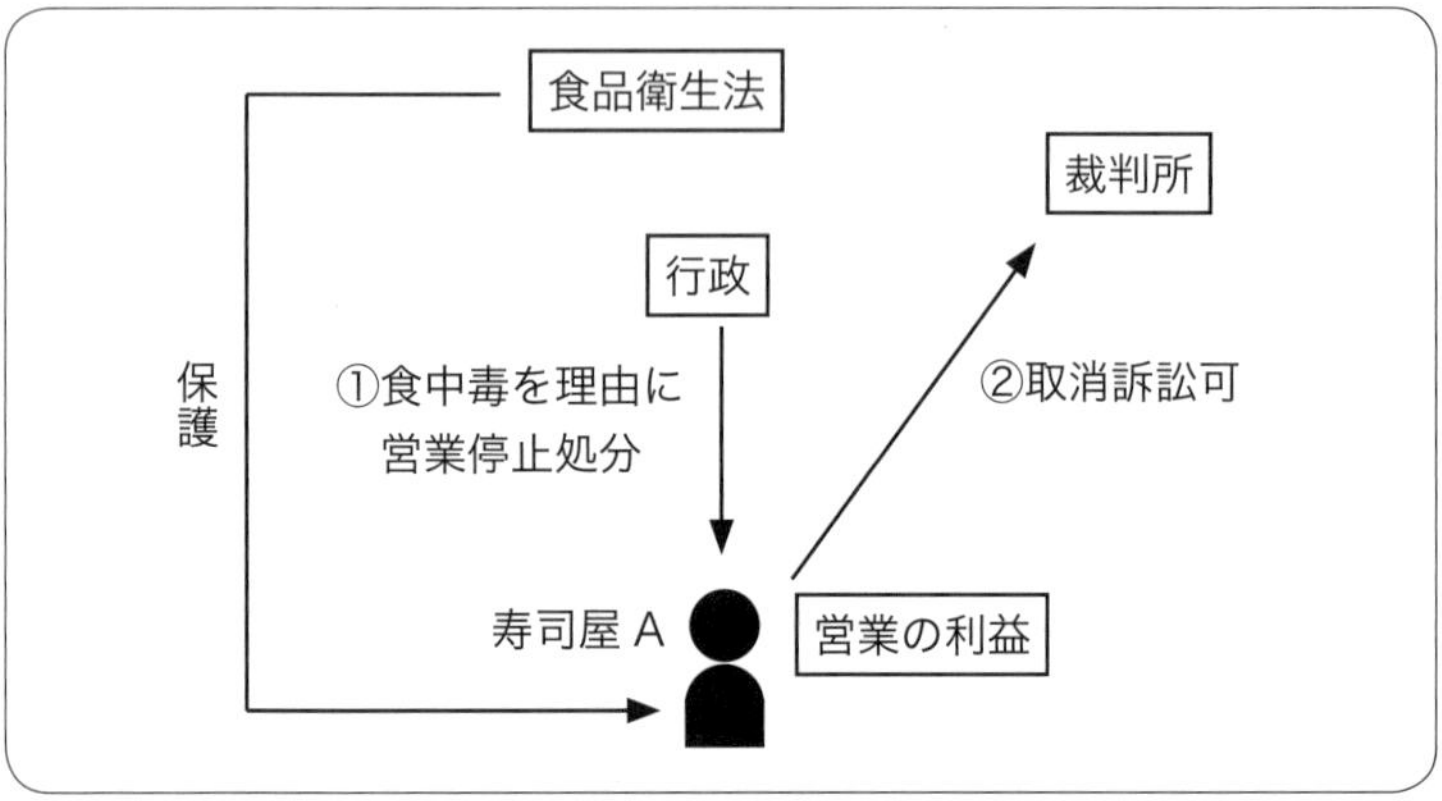


つまり、Aは食品衛生法によって保護されている利益が違法な行政行為によって侵害されているということになる。このような理由から、違法な行政行為の取消しを求める法律上の利益があるといえる。

さて、ここからが反射的利益の問題となる場合の具体例である。

寿司屋Aが営業停止処分になって困っている人が実はもう一人いる。それは、この寿司屋の常連客Bである。Bは処分の当事者ではない。もちろん第三者である。つまり、違法な営業停止命令によって、常連客BがAのうまい寿司を食べる利益が害されたわけである。しかし、食品衛生法は、国民の食品の安全を保護するための法律であって、うまい寿司を食べるための法律ではない。

**【営業停止処分の反射的利益と取消訴訟 -2】**

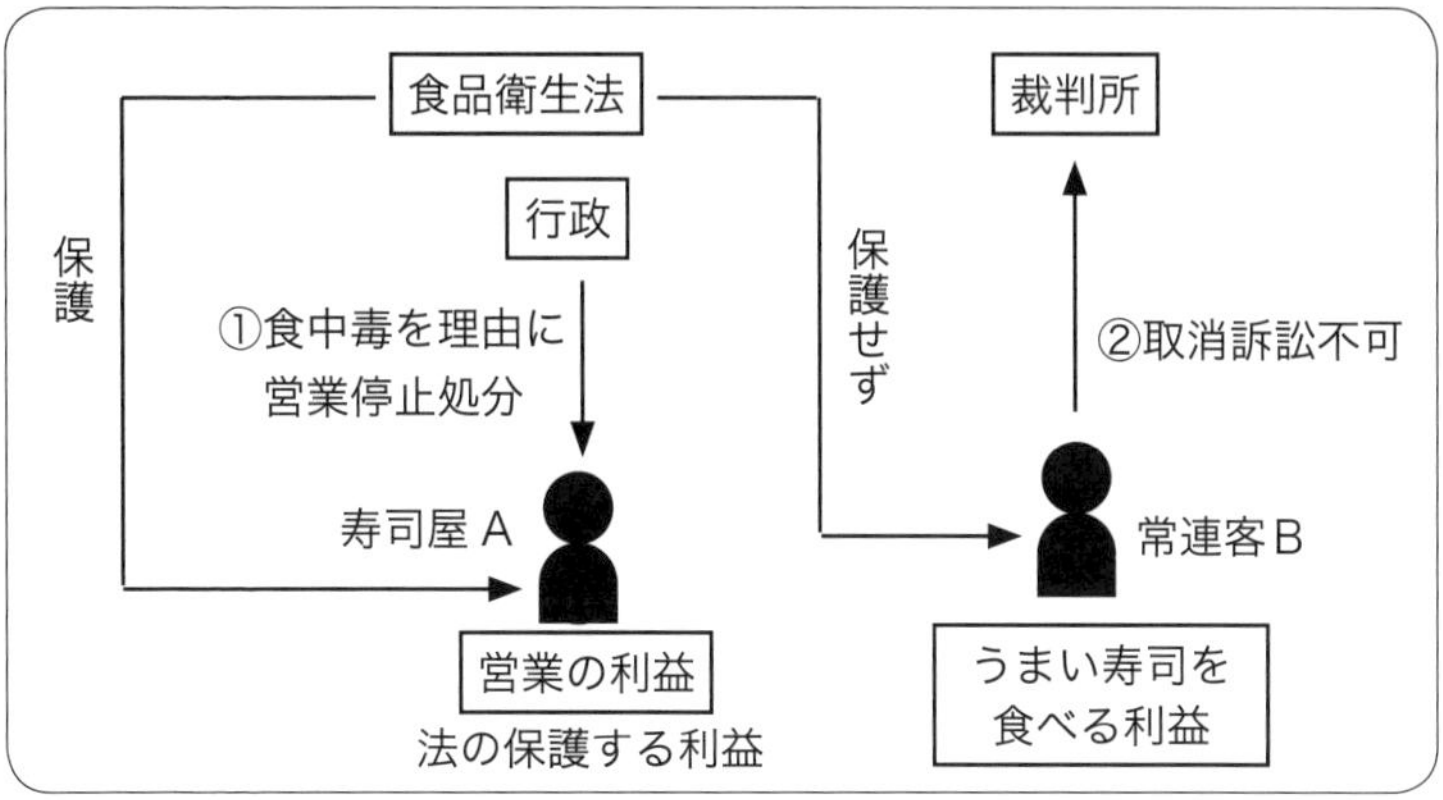


たしかに違法な営業停止処分がAの取消訴訟によって取り消されれば、Bはうまい寿司を食べる利益が復活する。しかし、この利益は、法律によって保護されているわけではない。このような利益を「事実上の利益」とか「反射的利益」と呼んでいる。

したがって、Bに取消しを求める法律上の利益はないので、原告適格もない。

以上、これをまとめると、法律によって保護された利益が侵害された人には原告適格を認め、裁判を提起することを認めるが、逆に、法律によって保護されたわけではない利益（反射的利益）が侵害された人には原告適格を認めず、裁判を提起することも認められないのである。

## (2) 労働事件と反射的利益

ここで、これを労働事件に当てはめてみよう。

A企業が是正勧告を受けたため、企業はB労働者に対し、時間外労働をやめさせた。その結果、労働者が国に対し時間外労働をする利益が侵害されたとして、取消訴訟を提起することができるのかという問題である。

まずB労働者は法律上の利益を有するものであるかということである。労基法が守ろうとしているものは、**労働者に人間として価値ある生活を営む必要を満たすべき労働条件を保障することを目的とした「公益」**である。つまり、社会全体の利益であり、その公益が守られる結果として、労働者個々人の利益が守られるという関係に過ぎない場合、労働者個々人には労働法上の利益がないとされているのである。

あくまで法律が直接保護しようとしているのは、「公益」という社会全体の利益であって、労働者個人を直接守ろうとはしていないのである。いわば「公益」を保護する結果として、間接的に守ってもらえるに過ぎない人には原告適格は認められないのである。これが判例のいう**「反射的利益を有する者には原告適格が認められない」**という意味である。そうすると、労働者Bには法律によって保護された利益が侵害されたわけではないから、Bには原告適格はないということになる。したがって、Bは裁判を提起することはできない。

ところで、**捜査・調査機関の公益独占性、起訴・調査権限発動の自由裁量性（起訴便宜主義）**、調査請求者の利益についての反射的利益論等の論理は、行政領域の差異を超えて、しばしば強調されているところである。

たとえば、**池袋労基署事件（東京高判 昭和53年7月18日）**は、労働基準監督官に対して労働者が労働基準法違反事実が存する旨の申告**（労基法第104条）**をなしたところ、適切な措置を執らず放置したとして国家賠償を請求した事案につき、次のように棄却している。「申告は、監督官の使用者に対する監督権の発動の一契機をなすものであっても、監督官に申告に対応する調査等の措置を執るべき職務上の作為義務まで負わせるものではない」。

この判例にみる**「調査権の発動を求める権利」**を否定する論理では、行政機関の公益独占性を前提として、調査権限の発動の裁量性を重視するあまり、調査により利益を受ける者の利益も反射的利益と解している。もし、このように解すると、調査権の発動を求める権利の成立する余地はなくなることになる。

しかし、一定の適切な調査が行われることと、調査の結果一定の処分が行われることとは、一応区別して考えられるから、後者についての裁量の範囲と前者についての裁量の範囲は同一ではない。起訴処分あるいは審判開始決定を求める権利が認められなかったとしても、適切な調査を求める権利・利益も認められないわけではない。したがって、行政機関の公益独占性、権限発動の自由裁量性（起訴便宜主義）、反射的利益論等を理由とする調査拒否権論は、ただちには妥当だとは認められない。

## (3) 不作為の違法

逆に、調査権限あるいは規制権限の発動請求権を明文化している条例もある。

たとえば、三重県公害防止条例第40条は、「現に公害を受けていると思う者は、…知事に対し、ばい煙発生施設、粉塵発生施設、特定施設若しくは指定施設が係るばい煙等の処理の状況若しくは排出基準適合状況又はばい煙等による生活環境の汚染の状況の調査を請求することができる。知事は、この請求があった場合には、速やかに必要な調査を行い、その結果を請求者に通知するものとする」と規定する。

他方、この判決例として、**サングループ・知的障害者損害賠償事件（大津地判 平成15年3月24日）**がある。判決は、知的障害を持つ従業員の保護者から出された権利救済の申立てに対する労働基準監督署の対応を**「不作為の違法」**と認め、国等に対し損害賠償の支払いを命じた。

この事案は、知的障害者を雇用する会社で発生した障害者への虐待に関し、八日市労働基準監督署に投書や匿名の電話による相談等を通じて、従業員の権利救済を求めたが、いっこうに改善されないため、従業員の保護者が、使用者のほか県立の福祉施設や県の福祉事務所等の地方行政機関および労働基準監督署等の国の行政機関に対し損害賠償を要求したものである。

判決は、従業員の権利救済に触れ、「救済の申立てに応じて、使用者を呼び出し、監督しながら、最低賃金法違反や割増賃金の不適正な支払いを疑うべき事情がありながら、監督行政を行わなかったことは、八日市労働基準監督署の合理的な判断として許される範囲を逸脱した違法なものであった可能性は否定できない」と言及し、「従業員からの投書が、**労基法第104条**規定の申告にあたるか否かにかかわらず、それを受理しておきながら、労働関係法規違反の有無について、何ら調査を行わず、そのまま放置し、その後も何の対応もしなかった。これは投書した従業員のみならず、従業員全員との関係において違法なものであり、対応は許されるものではない」と判示し、同労基署の対応を**「不作為の違法」**と断じたものである。

この判決は、**大東マンガン精錬所事件**の**第1審判決（大阪地判 昭和57年9月30日）**に次いで、国の損害賠償責任を認めた裁判例として評価され、労働基準監督官の**「作為義務」**や**「不作為違法」論議に弾みをつけることになった。**

なお、法律・条例が調査請求権を明文で定めていない場合がある。しかし、このような場合であっても、条理上請求権が認められる場合がある。法律が行政に調査権限を授権している場合には、国民が調査権限を行使することができる事情を示して調査の実施を求めた場合、調査要求を放置するかどうかは、行政機関の裁量内であるとは認められないと思われるからである。

どのような結果が生じるかはともかくとして、「とりあえず調査せよ」といえるケースは相当多くあると思われるが、その要件については今後検討していかねばならない。とりあえずは**侵害利益の重大性**、**被害発生の予見可能性**、**結果回避可能性**、**行政権限行使の社会的期待可能性**等を要件としてあげることができる。

## 10 臨検調査の位置づけ

これまで先の**旧国税犯則取締法**（平成30年4月1日、国税通則法に編入）や、**児童虐待防止法**等に関する法律等に定められた、捜査に強制力を持つ**「直接強制調査」**と、警察の職務質問に付随する所持品調査に代表される**「任意調査」**について理解を深めてきた。では、労基法に定められた**臨検調査**は、**「直接強制調査」**なのだろうか。それとも**「任意調査」**なのだろうかということである。

ここで**労基法第101条**に規定された臨検調査について解説しておこう。仮に臨検調査が「直接強制調査」であれば、このような場合はどうなのか。

たとえば、ある会社に労働基準監督官が突然やってきて、責任者に許可を受けることなく勝手に事業所へ上がり込んだとしよう。その監督官は、顧客情報があふれる事業所内を歩き回り、社長の制止を振り切って居合わせた社員に対し、大声で労基法の説明を始めた。「直接強制調査」の場合、こうした調査に対しても、会社は拒否することができないことになる。他方、このような臨検調査が任意調査であれば、会社はこれを拒否することができる。

ここで注意しなければならないことは、労基法における臨検調査を拒んだ場合、罰則規定（**労基法第120条**）が用意されていることだ。このため、国民としては調査に協力する義務がある。そうすると会社は、臨検調査を拒否することができないということになるのである。

答えは、「間接強制調査」である。これまで直接強制調査と任意調査を検証してきたが、この間接強制調査は、イメージとしてはその中間に位置すると考えてよい。

ここで、一度整理しよう。行政調査は次の三つに分類することができる。それは、①直接強制調査、②間接強制調査、③任意調査である。

**行政調査**

①直接強制調査

相手の同意不要、かつ相手方の抵抗を実力で排除することが可能

②間接強制調査

刑罰の存在によって、間接的に行政調査を強制するもの

③任意調査

相手方が調査に応じるか否かは、任意に決定することが可能

①から順番に、調査の強制力が強いと考えてよい。このうち、**労基法第101条**の臨検調査は、②の「間接強制調査」ということになる。犯罪捜査にあたらない、税務調査もこれである。この調査にあっては、裁判所の許可を必要とする「直接強制調査」のような実力行使までは認められていないが、調査拒否や、虚偽報告について罰則が科されるものである。この場合刑罰を背景にして、間接的に行政調査が強制されることになる。

問題は、監督官が突然事業場にやって来た場合にまで、会社は万難を排し、その日、その時に調査を受けなければならないかということである。間接強制調査は、直接強制調査とは異なり、正当な理由があれば、「今、都合が悪いから別の日にして欲しい」等と、こ

ちらの都合を主張することができる。何故なら、**労基法第101条**の臨検調査は、直接強制調査とは異なり、裁判所の発する令状が必要とされないからである。

ところで、監督官の中には、事業主が「帰ってくれ」と言っても、帰るどころか臨検と称して事業所に居座る者もいる。その場合、事業主はどうしたらよいのだろうか。

このように、退去しないという監督官の行為は、事業主に対する不作為、つまり、**「不作為による侵害行為」**にあたるため、事業主が監督官を実力行使で退去させたとしても、それは**正当防衛**になり、**公務執行妨害罪**にはあたらない。

## 11 正当防衛

ここで正当防衛について説明しておこう。

正当防衛とは、「**急迫不正の侵害**に対して、自己または他人の権利を防衛するため、やむを得ずにした行為**(刑法第36条第1項)**」のことをいう。**「急迫不正の侵害」**の**「急迫」**とは、法益侵害の危険が、間近に迫っていることをいう。法益とは、法によって保護すべき利益のことである。そして、**「不正の侵害」**とは、違法に他人の法益に実害もしくは危険を与えることをいう。

たとえば、夜道を歩いていた女性が、急に路地裏から出てきた男性に襲われそうになったとしよう。これが、「急迫不正の侵害」になる。そして、女性が身を守るためにハンドバッグを振り回して反撃したところ、男性の顔面を強打し、男性は鼻血を出しながら走って逃げて行った。その結果、女性は、難を逃れることができた、といった場合がその例にあたる。

ところで、前述した**「不作為による侵害」**とはどのような意味なのだろうか。

刑法における不作為とは、一定の期待された行為をしないことである。したがって、「不作為による侵害」とは、期待された行為をしないことが、侵害行為だと評価される場合を意味する。たとえば、母親が乳飲み子に、母乳やミルクを与えずに餓死させてしまったような場合である。刑法は、基本的には作為犯である。つまり、積極的な行動によってなされる犯罪を処罰するものであるが、この母親の不作為は、積極的に首を絞めて殺す行為と同視することができる。母親ならば、乳飲み子に対して、当然、母乳かミルクを与えることが期待されているのに、それをしないのであるから、このような形で行われる犯罪を不作為犯という。

そうすると、**「法益侵害」**、ちなみにこの**「法益」**とは、法が守ってくれる利益であることは前述したとおりだが、この法益に対する実害、またはその危険を生じさせる行為を「侵害」というのだが、その方法は、作為、不作為の両方があるということになる。したがって、作為による法益侵害と同視できるレベルならば、不作為による法益侵害も認められる。

これまでの説明でもわかるように、不作為も侵害行為になる。そうであるならば、作為による侵害だけでなく、不作為による侵害であっても、正当防衛が考えられることになるというのが前述の事例、すなわち、退去しない監督官を、事業主が実力で退去させることが可能だという話につながる。

このように、事業主の再三の退去要請に応じない監督官を実力で戸外に押し出す行為は、不作為に対する正当防衛の例と考えることができる。実際に住居に侵入し、退去しない者を実力で戸外に引きずり出す行為が、正当防衛として認められた判例として、**大阪高判（昭和23年4月20日）**の事案がある。

いずれにしても、臨検調査は、直接強制調査と、任意調査の中間に位置して、**重大性・緊急性・必要性・相当性**といった要素を総合衡量して即時に調査に入るべきか否かを決定するべきなのである。したがって、監督官が突然事業所にやってきて緊急性も必要性もないのに、ずかずかと事業所に入り、事業主の制止も聞かずに演説するような行為は許されないということになる。

とはいうものの、臨検調査は「間接強制調査」だから、臨検を拒否し続けることは許されない。何故なら、前述したとおり、臨検拒否自体が処罰の対象となっているからだ。

では、どのような場合に、臨検を拒否できるのかといえば、臨検の相手方の自由な意思

【行政調査と刑事捜査】

| | 行政調査 | 刑事捜査 |
|---|---|---|
| 実施主体 | 行政機関 | 捜査機関 |
| 実施目的 | 行政目的 | 事件の解明・犯人の責任追及 |
| 任意・強制の別 | 任意 | 原則任意だが、強制あり |
| 令状の要否 | 不要 | 強制捜査の場合は必要 |

を著しく拘束して、実質上、直接物理的な強制と同視すべき程度まで達しているような場合である。たとえば、監督官が突然事業所にやってきて、出勤簿、労働者名簿、賃金台帳等の帳簿類や就業規則等の提出を求められたり、尋問等をされたりすることは、事業主にとって業務に支障をきたすことは間違いのないところだろう。

このような場合は、監督官の権限濫用となるのではないだろうか。何度も言うが、臨検というのは原則として**その調査の重大性・緊急性・必要性・相当性といったことを勘案して、調査に入るべき性質のもの**である。何もわざわざ、緊急性もない、必要性もないのに、いきなり監督官が事業所にやってきて、諸帳簿や就業規則を出せ等と言われれば事業主は困惑するに違いない。

## 12 行政調査と刑事捜査の違い

**労基法第101条**の臨検は、労働条件及び労働者の保護を目的として実施されるもので、行政機関による行政調査である。これに対して、刑事事件の捜索差押え等は、警察が他人の家屋や建物の中に入り、犯罪の証拠になるものを差し押さえて犯罪事実を解明し、犯人の刑事責任を追及する捜査機関による刑事捜査である。このように、行政調査と刑事捜査が相当に違うわけだが、その違いをわかりやすくしたものが、右上の表である。

## 13 行政調査の限界

ところで、労基法の臨検に関連して、その臨検調査を行う行政の権限を、憲法や刑法等の観点から、理解を深めていきたい。

行政調査は、行政活動の準備として行われる情報収集活動をいう。この調査は、行政職員が人に質問したり、場所や施設を検証したり検査したり、書類や物件の提出を求めて閲覧・検査したり、住居に立ち入って検証したりといった様々な手法を通じて行われるものである。税務調査の例は前述したので、ここではその他の例を挙げておこう。

あるレストランで、客が焼き肉を食べて食中毒を起こしたとしよう。この場合、行政はいきなり営業許可を停止または取消しをするわけにはいかない。何か他の原因があるかもしれないから、まずは、このレストランに立入検査をしたり、客に提供した焼き肉のサンプルを収集したり、食中毒を起こした細菌があるかどうかを調べる必要がある。つまり、食中毒の原因が、このレストランが提供した焼き肉にあると判明して初めて営業許可を停止し、または取り消すことが可能となる。

労基法における臨検調査も同じである。労働者が「会社は残業代を支払ってくれない」と労働基準監督署に申告したところで、実態を調べなければ是正勧告を出すことはできない。つまり、労基法違反、具体的には時間外労働に関して違反のおそれがある場合、労基署は労働者の申告に基づいて、労働者の保護を図らなければならないが、実際には違反が行われていない場合もあるということである。

労基署が必要な調査を行うためには、労基法には労働者または使用者に対して、出頭命令、事業場、寄宿舎その他の付属建物に臨検し、帳簿及び書類の提出を求め、または使用者もしくは労働者に対して尋問することを認めている。

しかし、これらの情報収集活動は、多かれ少なかれ、私人の生活なり活動の平穏を阻害し、日常を乱すものであるから、憲法が保障している基本的人権を侵害しているものであることは否定できない。そこで適切な行政決定、つまり、「行政調査」を担保するための資料収集の利益と、私人の自由な生活領域の確保という相対立する利益調整の下で、情報収集活動が行われなければならないということになる。

## 14 行政調査の手法

では、行政調査はどのような方法で行われるのか。これらの調査方法は一つの調査目的のためにハードなものからソフトなものへと段階的に用いられると思われる。しかし、ここでは、説明を容易にするため、ソフトなものからハードなものへと置き換えてみたいと思う。そこで題目としては未払残業代請求の例で三つの手法を説明しよう。

まず、監督署は任意調査として事業主を出頭させて、調査・質問を行い、これが功を奏しないときに間接強制調査として事業場に立ち入って、調査・尋問を行う。この根拠が**労基法第101条第1項、第104条の2**であり、最終的には直接強制調査として、裁判所の令状を得て、強制的に事業場の臨検や捜索、押収、差押えを行うといった段階を踏んで調査が進められていくものと思われる。

ここで確認しておこう。**「臨検」**とは、行政機関が一定の場所に出向いて立入検査をすることをいう。次に**「捜索」**とは、犯罪容疑者の身体や所持品を調べ、住居その他の場所に立ち入って探索することをいう。さらに**「押収」**とは、刑事手続上、裁判所が執行する、証拠物または没収対象物に対する強制的占有取得処分をいう。

最後に**「差押え」**とは、相手方の物に対する占有を排除して、占有を取得することをいう。ちなみに**「占有」**とは、物に対する事実上の支配のことをいう。これらは、いずれの場合も相手方の抵抗を実力で排除することが認められている。

ところで、行政調査手続については、一般的に規律する法律は存在しないことを覚えておこう。しかし、**行手法第3条第1項第14号**に「報告又は物件の提出を命ずる処分その他その職務の遂行上必要な情報の収集を直接の目的としてされる処分及び行政指導」と、適用除外を定めていることから、行政調査はこの適用外に該当するものと解されている。つまり、行政調査は、処分の前提としての情報の収集であって、事前の通知や理由の提示等にそぐわないこと等から、行政手続法の適用除外になっている。

なお、立入調査のような**事実行為**は、**行手法第2条第4号イ**により、そもそも不利益処分の概念に入らないものとされている。つまり、**立入調査は不利益処分にはならない**ということである。

繰り返しになるが、行手法が適用除外されるのは、報告や提出命令等、相手方に情報提供義務を課す処分や、行政指導、情報を受けとるために相手方に特定の場所に出頭を命じたり要請したりする行為、相手方に特定の情報の提供、つまり帳簿書類の提出等を命じたり要請したりする行為がその例である。

ところで、**行手法第3条第1項第14号**を同法の適用除外にする理由は、厳格に行手法を

**【行手法の適用除外とならない行政指導】**

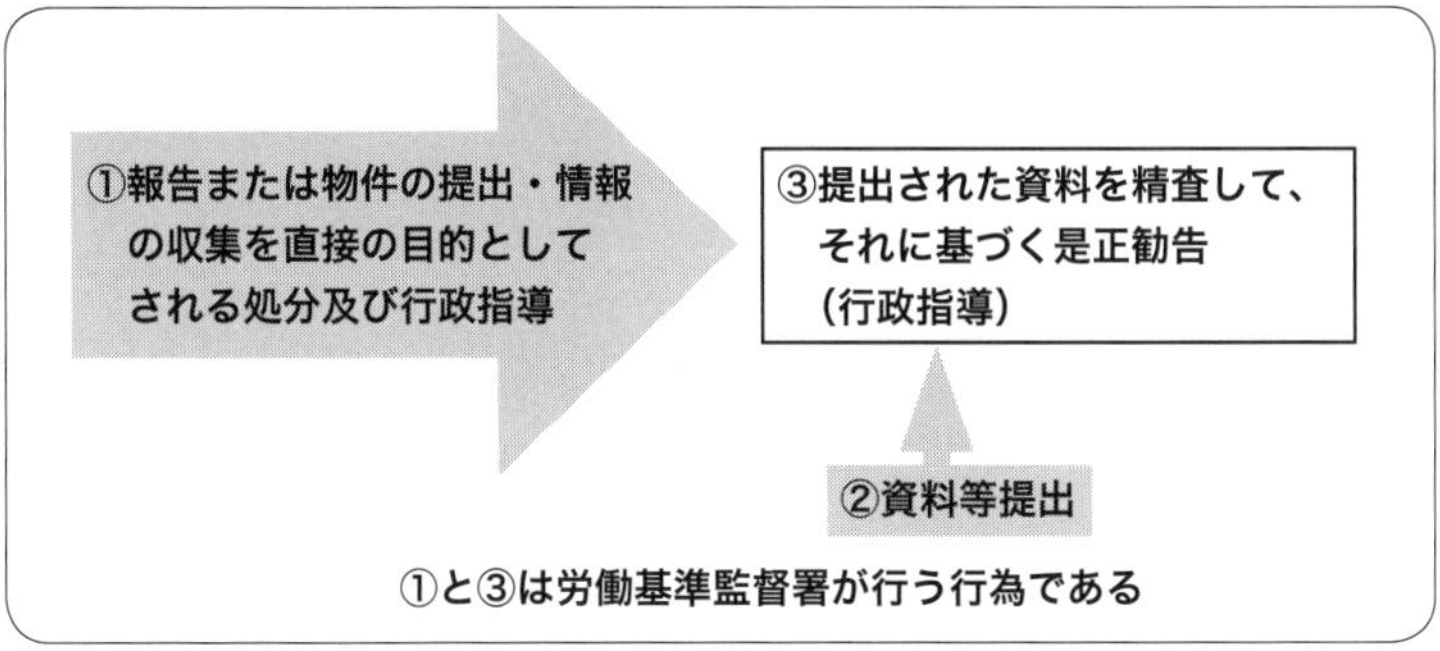
①報告または物件の提出・情報の収集を直接の目的としてされる処分及び行政指導
③提出された資料を精査して、それに基づく是正勧告（行政指導）
②資料等提出
①と③は労働基準監督署が行う行為である

適用して、行政が事前に調査内容や調査の理由を伝えることで、それを奇貨とした相手方（会社）に証拠を隠されたり、場合によっては正確な情報を収集できなくなるおそれがあるからと解されている。よって資料等が会社から提出された後に、その内容を精査し、検討した後に出される是正勧告たる行政指導には、そうした心配はなく、この定めの行政指導には含まれない。つまり、行手法の適用除外にならないということである。端的にいえば、臨検の後に（行政指導）違反事実があった事業場に出される是正勧告は、行手法が適用されるということである。

これを図にしてみよう。

①の行為は、労働者の申告により、労働基準監督署が臨検を行う場合であり、②はその臨検調査の求めに応じて、会社が資料等を提出する行為、そして③は、労基署が②で会社が提出した資料等を精査し、法違反を確認し

たならば、将来にわたり是正措置を講じるよう行う是正勧告（行政指導）である。よって、前述した**行政手続法第3条第1項第14号**に該当する「処分及び行政指導」は、①の場合となる。③の是正勧告の部分は、同法の適用除外に該当しない。したがって、③の是正勧告（行政指導）は行政手続法が適用されるということになる。

## 15 令状主義・供述拒否権の適用の可否

### (1) 令状主義

さて、話を元に戻そう。行政調査手続は、個別法により規定されている。しかし直接強制調査については、憲法の手続的保障にかかる規定の適用の可否という問題がある。罰則により担保された、強制力を伴う行政調査、**労基法第101条**に関してだが、これについては、刑事手続と同様に、**憲法第35条**の**令状主義**及び**第38条**による**供述拒否権**あるいは**自己負罪拒否特権（黙秘権）**等ともいうが、これが行政調査にも及ぶのか、それとも同条の適用対象は刑事手続に限られるのかということについて説明しておこう。

行政調査のような行政手続には、**憲法第35条**や**憲法第38条**の直接適用はないというのが通説であったが、**最高裁大法廷は昭和47年11月22日の川崎民商事件**で、行政手続にも**憲法第35条**の適用の余地があるとしている。この最高裁判決は、「刑事責任追及を目的とするものではないとの理由のみで、当然に**憲法第35条**の保障の枠外にあると判断することは相当ではない」としたうえで、税務調査である質問・検査には適用されないとの結論をとった。

その理由はこうだ。

まず、税務調査での質問・検査は、国家財政の基本となる徴税の適正な運用の確保を目的とするものではなく、刑事責任追及のための資料の取得収集に直接結びつく作用を一般的には有するものではないこと、また規制の態様、程度は間接的心理的なものであり、直接的物理的な強制と同視すべき程度までは達していないことから、憲法上の保障の枠外にあるといわれているからだ。ただし、少なくとも刑事手続に類似し、刑事責任追及の資料収集に直結する上、実力強制調査に該当するような場合には、適用の余地がある。

例を挙げよう。税務官庁が行う調査、この場合は「税務調査」であっても、平成30年4月1日、国税通則法に編入されて廃止されたかつての国税犯則取締法による犯罪調査としての臨検・捜索・差押えは、まさにこのような犯罪調査のための行政行為であった。したがって、こうした調査には裁判官の令状（許可状）が必要である。これは憲法上の要請である。

くわえて、**昭和59年3月27日の最高裁判例**では、国税犯則取締法上の質問調査手続は「実質上刑事責任追及のための資料の取得・収集に直接結びつく作用を一般的に有する手続きの場合、**憲法第38条第1項**による保障が及ぶものである」として、**憲法第38条第1項**に定める自己に不利益な供述を強要されないという自己負罪拒否特権の保障が及ぶと判断している。ちなみに同判決では、**憲法第38条第1項**は供述拒否権の告知を義務づけているものではないことから、あらかじめこの告知を欠いた質問手続が違法とはいえないとして、上告が棄却されている。

他方、一般の税務調査や**労基法第101条第1項**の臨検のように罰則による間接強制が置かれている行政調査の類型については、実質的に刑事手続との関連性について個別的に判断することによって、憲法の適用の有無が決せられることになる。

## (2) 供述拒否権

次に供述拒否権であるが、先の「川崎民商事件」判決の趣旨からいうと、供述拒否権を定める**憲法第38条**に関しても、一般論として行政調査への適用可能性を肯定したものの、**憲法第35条**とほぼ同様の論法により、質問検査には適用がないとした。したがって、この考え方を**労基法第101条第1項**も同様の論法により、質問検査には**憲法第38条**の適用がないことになるだろう。

では、行政調査について**憲法第35条**、**第38条**が適用されるかどうかはどのような判断基準で決めるのだろうか。判例からは犯罪捜査手続との連続性・類似性があるかどうかによって判断されることが読みとれる。

そうすると、罰則による間接強制が置かれている行政調査の場合には、どのようにして判断するのか。それについては、実質的に刑事手続との関連性について個別的に判断することになる。したがって、それによって、憲法の規定について適用の有無が決定されることになるだろう。

## 16 行政調査と公務執行妨害罪

問題は、被調査者が立入り等を妨害した場合、**刑法第95条第1項**に定める**「公務執行妨害罪」**になるのではないかということである。結論を急ぐと、この種の立入りないし立入検査権は行政監督上のものであって、犯罪捜査のため、つまり刑事手続上のものではないから公務執行妨害罪にはならないのである。

もっとも、税務職員の正当な立入りを暴行または脅迫を加えて妨害するのであれば、被調査者は公務執行妨害罪に問われることになるものと解される。しかし、一般の行政法規の場合のように、立入りないし立入検査の拒否、妨害、忌避の罪が罰則として設けられているものについては、この種の立入りないし立入検査も、相手方が積極的な妨害をした場合はその妨害を実力で排除するほどの強い権限はない。

こういう場合には罰則を適用することによって相手を間接的に強制できるにとどまると解されている。ただし、一般行政法規における立入りないし立入検査の権限、つまり、それに対する罰則の定められている場合をすべて、このように解釈すべきかどうかについては、異論がないわけではないことに留意してほしい。

## 17 川崎民商事件と労働事件

さて、ここで、川崎民商事件の判例を労働事件にあてはめてみよう。

労働者Xから労働基準監督署に、残業代を支払ってもらってないという申告があったとしよう。早速労基署は、Xの勤務先のY事業場に行政調査である臨検に行った。そして帳簿及び書類の提出を求める尋問をしたところ、この臨検は、間接強制調査だからと、事業主はそれをいいことに拒否をした。しかし、間接強制調査だから、Xは**労基法第120条第4号**で処罰されそうになった。

このときYは次のように反論した。すなわち、臨検拒否をした後で、**労基法第120条**で処罰されるのなら、その臨検は強制である。つまり事実上は、「残業代を労働者に支払っていないだろう。それを供述しろ」「調べるから事業場に立ち入らせろ」と強要しているわけだから、前者については、**憲法第38条第1項**の黙秘権を侵害するのではないか。後者については、捜索・押収にあたる以上、**憲法第35条**の令状が必要ではないかということである。

結論として、川崎民商事件と同様の論法で「本件では令状が不要」とされる。つまり、臨検には直接、物理的な強制と同視すべき程度にまで達しているものと認められるような事由がないから**憲法第35条、第38条**は適用されないというわけである。

## 18 事前通知と理由開示

臨検等の行政調査に着手するにあたっては、相手方、つまり事業主に対して事前に調査の日時・場所・対象物件等の通知をして、その理由を開示、いわゆる行政調査の理由の開示を事業主に対してしておく必要がある。なぜなら、行政調査は多かれ少なかれ、私人の生活なり活動なりの平穏を阻害し、日常性を乱すものであるからだ。したがって、行政調査は憲法が保障している基本的人権の侵害の可能性を否定することはできない。

また、行政調査を受ける者がこれを受ける理由を知ることなく、**労基法第101条**の臨検をされ、その知識不足から、それを拒否したり、虚偽とされる報告、答弁をしたりして処罰されることがないようにするためにも、理由開示が必要といわなければならない。つまり、事前通知と理由開示は、行政調査における正当な手続きの保障にほかならないのである。

では、**労基法第101条第1項**には、事前通知や理由の開示は必要なのか。なぜなら、このような場合に、事前に通知したら、質問についての相談、資料や物件の改ざんや隠匿等が行われる可能性が否定できないからである。

最高裁判所も昭和48年7月10日の**「荒川民商事件」**では、「事前通知や理由開示は、行政調査手続には当然要求されない」と判断している。行政調査の中には、場合によりまたはその性格上、事前通知をした後に実行に着手したのでは、相手方やその関係者により尋問についての打ち合わせ、相談、資料や物件の改ざんや隠匿等が行われて臨検の実効が上がらないということになりかねない。したがって、**労基法第101条第1項**のような臨検については事前通知することなく、それを実行することもやむを得ないということである。

なるほど、事前通知や理由開示は行政調査手続に関して、当然に要求されていない。つまり立入検査に先立って事前通告等を行うことには憲法上要請されていないということは、この最高裁判例からもよくわかる。しかし、これらの要請が直ちに憲法上の要請ではないとしても、行政調査においてはできる限りこのような手続きにのっとって行われることが好ましいと思う。私個人としては、行政調査における事前通知や理由開示といった手続的保障は重要な課題であるから、今後の法整備を望みたいところである。

一方、税法では平成23年に国税通則法第114条が改正され、同法の第7章の2として「国税の調査」の章が設けられ、調査の事前通知が定められた。詳細は以下の通りである。まず、**同法第74条の2**以下で、調査の対象となる者、調査の権限を持つ職員の範囲が列挙され、次に**第74条の7**では、提出物件の留置についての明文化がされ、そして**第74条の9**や**第74条の10**では調査の事前通知が定められた。ただし、不当な行為を容易にし、正確な税額の把握を困難にする場合等は義務を免除されている。

最後に**第74条の11**では、調査の終了に際しての手続きが創設され、更正決定の有無、理由の告知等が義務づけられている。

すでに述べた、荒川民商事件最高裁判決においては、「事前通知」は原則的には不要とされていたが、こうした国税通則法改正で、事前通知は基本的に義務付けがなされたものである。そして調査の終了に際して手続きを設ける等、これは税務調査に限ったものだが、調査手続のルールを、法律で定めたものとして評価したい。

さて、これを踏まえて、臨検に話を戻そう。**労働法第101条**の臨検は、適正手続の保障に対する重大な例外であるから、事前通知をしないことに対して、極めて正当かつ合理的な理由がある場合に限られるべきものだと思う。ただし、このような場合でも理由開示については臨検の実施直前にでもすることのできる性質のものだから、相手が臨検を受けることさえ拒否する等特段の事由がある場合の他は、理由開示なしで実行に着手することは許されないものと解すべきだろう。

## 19 臨検（行政調査）による尋問、立入検査についての問題点

**労基法第101条**の臨検は、どのような場合に**憲法第13条**が保障する幸福追求権の侵害となるのだろうか。**労基法第101条**の尋問、立入検査の実行が私人の日常性を著しく乱す程度に及ぶような場合、それは行政上の比例原則に違反することになるから、その場合には、**憲法第13条**が保障する幸福追求権を侵害したことになると解される。

比例原則とは、目的と手段が比例していること、つまり目的達成のために行政は必要最小限の規制しか行使できないことをいう。比喩を用いて説明すると、**「雀を撃つのに大砲を用いてはならない」**という原則である。これは、**「過剰規制禁止の原則」**と呼ぶこともある。仮に、ある目的を達成するために、制限の程度がより少ない代替手段が存在するのであれば、その手段は過剰な規制として違法となる。これは憲法学では「ＬＲＡ（Less Restrictive Alternative）の法理」と呼ばれることがある。

# 第七章

# 行政指導

Gnothi seauton
汝自身を 知れ

Cogito ergo sum
我想う 故に我あり

## 1 行政指導の意義とその要件

### (1) 意義

行政指導とは「行政機関がその任務又は所掌事務の範囲内において一定の行政目的を実現するため特定の者に一定の作為又は不作為を求める指導、勧告、助言その他の行為であって処分に該当しないものをいう」**(行手法第2条第6号)**。

すなわち行政指導とは、行政庁が行政目的を達成するために助言・指導といった非権力的な手段で国民に働きかけ、国民を誘導して、行政庁の欲する行為をなさしめようとする作用であるといえよう。

### (2) 要件

では、どのような場合が行政指導になるかというと、この条文で規定しているように、以下の要件にあてはまる場合である。

① 「行政機関がその任務または所掌事務の範囲内において行う行為」であること
② 「一定の行政目的を実現するためにする行為」であること

③「特定の者に一定の作為又は不作為を求める行為」であること
④「指導・勧告、助言その他の行為であって、処分に該当しない行為」であること

各要件について具体的に説明しよう。

**①「行政機関がその任務または所掌事務の範囲内において行う行為」であること**

行政機関の任務または所掌事務は、通常、その行政機関の設置の根拠となる法律、組織令等に定められているほか、個別の法律で規定されていることもある。

行政機関が、その任務または所掌事務の範囲を超えてした行為は違法な行政指導となる。たとえば、労働基準監督官は労働基準行政を行うものであるから、税務相談をしたり、具体的な金額をあげて賃金の支払いを命じたりすることはできない。賃金の支払命令を発することができるところは、行政機関ではない。それは裁判所である**（憲法第76条第1項）**。

> **参考■憲法**
> 第76条　すべて司法権は、最高裁判所及び法律の定めるところにより設置する下級裁判所に属する。
> 2　特別裁判所は、これを設置することができない。行政機関は、終審として裁判を行ふことができない。

## ②「一定の行政目的を実現するためにする行為」であること

行政主体としての行政機関が、行政客体としての国民に対して、その任務または所掌事務の遂行を目的として行うものである。

したがって、たとえば、行政機関が国民と対等の立場に立って、私人間において行われるのと同様な売買等の契約を結ぶ行為や、公営バス事業等の経営上行われる行為は行政指導に含まれない。

## ③「特定の者に一定の作為または不作為を求める行為」であること

これは、行政機関が特定の人に向かって、一定の行為を「してください」、「しないでください」と「求める」行為である。

たとえば、法令に規定されている義務を履行していない者に対して、自主的な改善や是正を促したり、あるいは省エネ対策として、各ガソリンスタンドに対して日曜日の営業を自粛するように求めたりするように、公益的見地から特定の者に一定の協力を要請する行為等が、その例である。

これに対して、電気の使いすぎで送電ストップしないように呼びかけたり、広い地区に向けて節水を呼びかけたり、また、交通事故の多発によりドライバー等に対し、安全運転を呼びかけるような、個別具体性の薄いものや、国民一般へのPRのようなものは、「行政指導」とはいえない。

**④「指導・勧告、助言その他の行為であって、処分に該当しない行為」であること**

指導・勧告、助言は、一般に相手方の自発的な意思、すなわち国民の合意と協力に基づいてその目的を達成することができる性質のものである。他に「要請」とか「勧奨」といったものもある。

行政機関が、国民に対して一定の作為または不作為を求める行為で「命令」といったような相手方に一方的に義務を課するものは「処分」といわれる行政行為であるから、これは「行政指導」には含まれない。

## 2 行政指導の存在理由

行政指導の存在理由には、次の三つがある。

一つ目は、行政庁としては法律で規定されていない分野に問題が生じる場合、法律に規定がないことを理由としてこれを放置することはできないということである。たとえば、隣家の騒音がうるさいとか、新築された建物によって日陰になってしまうので何とかしてほしい等と、行政の窓口に対して、住民からの苦情が寄せられた場合に、その音は法令の規制以下だから規制できないであるとか、その地域の新築の建物には日陰制限がなく、違法ではないからといって、まったく取り合わなかったとしたならば、調整役を果たしたことにはならず、国民からは「行政の怠慢」との誹りを免れないだろう。

一般に、法律で細部にまでわたって、あらかじめ規定しておくことは困難である。また、仮に規定しておくことができたとしても、ケースバイケースで適当でない場合が起こりうる。さらに、法律に規定があったとしても、その法律が制定された当時には、予想もされなかったような事態が生ずることもある。このような場合に応えるのが「行政指導」である。行政指導の存在理由および必要性の一つはここにあるのである。

二つ目は、行政庁においては、法律による強制手段をとるにしては慎重な手続きが必要となり、そのためには手続きが繁雑にならざるを得ないということである。そこで、行政指導の方式をとることによって、国民の同意を得ることができるし、合目的的に行政を遂行できるという利点がある。

たとえば、違反建築の是正において、行政庁が除去命令をかけて、強制的に違反建築物を取り壊すことは可能ではあるが、相手方を呼んで是正指導する方法もある。そして、仮に相手方が納得して自ら建物を取り壊してくれれば、同じ行政目的を果たすにしてもその方が望ましいことはいうまでもない。しかし、このような権力性をバックにした行政指導は、行政庁側において行政指導自体が強制力を有するかのごとく錯覚し、相手方の自由意思を尊重しないということが起こり得るので、それが難点である。

三つ目は、最新の科学技術の進歩あるいは経済情勢に対処するために、国民の側で行政機関の指導を要請するような場合である。

たとえば、経済行政の分野を取り上げてみた場合に、中小企業の近代化、農業の構造改善等経済行政の分野で行政指導が重要な役割を果たしていること等が考えられる。

## 3 行政指導の一般原則

行政指導にたずさわる者に対して、以下の三つの一般原則が規定されている（**行手法第32条第1項・第2項**）。

①いやしくも行政機関の任務または所掌事務の範囲を逸脱してはならないことに留意しなければならない。

②行政指導の内容があくまでも相手方の任意の協力によってのみ実現されるものであることに留意しなければならない。これは、行政指導が事実行為であり、**行手法第2条第2項**の処分に該当しない以上、任意的な行為しか許されないことの当然の帰結である。

なお、事実行為とは、後に詳述するが、たとえば、「燃えないゴミは木曜日に出すこと」というように**権利義務が変動（発生・変更・消滅）**しない行為をいう。

③その相手方が行政指導に従わなかったことを理由として、不利益な取扱いをしてはならない。これは、かかる不利益な取扱いが許されるならば、指導を黙示的に強制することになり、法治主義の原則に反するおそれがあるからである。

## 4 制裁を伴う行政指導

前述したとおり、原則として行政指導は任意であるため、それに従わないことによる制裁はないが、例外的に法律上、行政指導に従わない場合について制裁が定められている場合がある。これは、特に指示と呼ばれる措置についてみられる。

すなわち、勧告に従わない場合について、その事実の公表や補助金等の返還が定められていることがあれば、また指導に従わない場合に指定の取消しが定められていることもある**（国土利用法第26条、資源有効利用法第20条第2項、第23条第2項、社会福祉法第58条第3項、生活保護法第51条第2項）**。

このような指示は、行政指導の一種であると理解するとしても、機能的には行政行為に近い役割を果たすものであるから、手続上あるいは争訟法上は行政行為に準じて扱うことができるものと解される。

## 5 行政指導と事実行為

### (1) 事実行為とは

事実行為とは、たとえば、警察官のする地理案内、労働基準監督官が立入調査の結果、事業主に対して、時間外労働手当を「3か月分あるいは2年間分、従業員に支払ってください」と言うこと、ゴミを除却する、道路を掃除するといった、こうした事実上の状態を実現する行為であって、それによって権利や義務が発生するものではない。

つまり、道案内をしてもらった人は警察官から教えられたとおりの道順で行く義務が発生するわけではないし、また、労働基準監督官に指導されたとおりに労働者に対し2年分(賃金の請求権は2年間で時効となる)の支払義務が生ずるわけでもないのである。

このように事実行為である行政指導は、道順の助言を受けたり、協力を求められたりするだけで、一方的にそれに従わなければならないというものではない。

それに対して、「ゴミを除却しなさい」とか「道路を掃除しなさい」等という命令を出した場合、それは行政行為となる。そして、その義務を実現する、その人が従って行っているのが事実行為である。これは、契約があってその履行があるのと似ている。たとえば、請負契約をして道路掃除をするとなると、それは道路掃除をする義務を負わせるという法律行為があって、その履行として事実行為があるということになる。さらに、労働契約に関していえば、それは労務を提供する義務を負わせるという法律行為があって、その履行として事実行為があるということになる。

## (2) 行政指導の必要性と是正勧告

さて、行政指導を理解する上で大切なことは、相手方の任意の協力によってのみ実現できるということである行政指導（**行手法第32条第1項**）に、従うかどうかは、全く相手の自由意思で決められるということである。

この点が、相手方に義務を課する行政行為と異なるところである。したがって、行政指導にあたって、相手方を強制したり、威嚇的な態度をとることはできないのである。このように行政指導の一般原則のところで述べたとおり、行政指導は相手方の任意性が前提となるのである。かりに、相手方が行政指導に従わなかったとしても、それを理由に不利益な扱いをすることは許されないのである（**同第2項**）。そうしないと、従わなければ将来不利益に扱うことを告げて、結果として自由意思に反して、従うよう強制してしまうことになりかねないからである。

たとえば、労働基準監督署が事業主に対してする、時間外労働違反に関する2年間さかのぼりの是正勧告のように最終的に罰則を背景にして強制的に支払命令をかけてくる場合には、それをバックとして「指導に従わなければ処分する」といった脅かしがきいてしまうことになる。また、労働基準監督署としても、強制力をちらつかせながら指導することになりやすいのである。

仮に、事業主に対して時間外労働に関する出頭命令等の行政処分がなされたとすれば、事業主はそれに従った法的義務が発生するのは当然のことである。しかし、あくまで行政指導の段階では強制力がないので、その指導に従うのかどうかは全く事業主の自由であり、行政がその自由意思に圧力をかけるような発言や行動は慎まなければならないのである。

このようにいうと、強制手段があるならば、それを使えばよいではないかという人が少なくないが、しかし、行政指導の存在理由のところで述べたように、労働基準監督署が強制手段を行使するには、根拠となる法に定める一定の手続き（刑訴法等）が必要となり、大変な手間と時間がかかることになる。

そこで、労働基準監督署があえて伝家の宝刀である強制手段を持ち出さなくても、事前に同じ内容の指導を行うことによって事業主が納得すれば、スムーズに労働基準監督署が目的とした内容を実現できることになるし、時間がかからずにすむという実益があるのである。

たとえば、**労基法第37条**違反のケースでいえば、時間外労働違反の部分を事業主に指導したところ、納得して時間外労働手当の違反部分を労働者に支払ってくれるならば、労働基準監督署がわざわざ出頭命令等をかけて、事業主に強制的な出頭をさせる手続きは一切いらなくなり、時間的にも費用の面でも大変、効率的になる。これが行政指導の重要な働きなのである。

## (3) 是正勧告と送検の関係

今、Aは高層マンションを建てようとして、市に建築確認の申請をした。しかし、市は付近住民からの日照の問題、電波の問題、風害の問題等の反対運動を考慮して、Aに対して近辺住民との話し合いを求めたり、ビルの高さを低くするよう協力を求めたりした。このように、市がAに対し協力を求めることを「行政指導」という。もちろん、協力を求められたAは、行政指導に協力してもよいし、協力しなくてもよい。

その後、市は、Aの建築計画は一部建築基準法に違反していることがわかった。このため市は、建築確認の拒否処分をした。しかし、それにもかかわらず、Aは建築を続行し、工事を完了してしまったとする。

この場合、市は、違法な建築物を取り壊すようにAに対し除却命令を出すことができる。除却命令が出されたにもかかわらず、Aがこれに従わなかった場合には、市は強制的に違法な建築物を除却することができるのである。

以上のことを労働関係に置きかえてみると、たとえば、労働基準監督署長は、A社に対し、立入調査をしたところ、A社は、それまでは時間外労働手当を支給していなかった。このため労働基準監督署長は、従業員らに対し2年間分の時間外手当を支払うよう、A社に勧告した。このような勧告を「行政指導」という。行政指導の場合、勧告されたA社は、その勧告に従ってもよいし、従わなくてもよい。

これに対し、事業主が求められた報告を行わなかったため、労働基準監督官が再来したとする。このとき、当該事業所における過労死が発覚し、もしくは労働災害が発生する等の事故があり、調査を進めると会社の管理に落ち度があったり、施設に欠陥がある等の事実が判明した。

そして、これらの事故を通し、過労死や労働災害の原因の一つとして、法違反となる時間外労働が見つかったとする。

そこで労働基準監督署長は、A社に対して時間外労働違反に関する出頭命令処分を行った。しかし、出頭命令がなされたにもかかわらず、A社は労働基準監督署に出頭しなかった。

この場合、労働基準監督署長は出頭命令違反（**労基法第104条の第2**）として、検察庁にA社を書類送検することができるのである。

さらにこの場合、過労死や労働災害の原因となった会社側の時間管理不十分や施設の欠陥についても書類送検されることはいうまでもなく、労基法違反となる時間外労働についても書類送検されることになるが、この時間外労働についての書類送検は、「先の是正勧告にも従わなかったことを理由として行われたものではない」というのが、行政指導を理解するうえで重要なポイントである。

つまり、残業代支払に関する「是正勧告」に関しては、事実行為たる行政指導であるため、事業主が従っても従わなくても処罰されることはない。また、残業させていたことに**故意**がなければ（初犯であり、残業になることに事業主が気が付いていなかったというような場合）、**労基法第119条第1号**に規定された罰則（**同法第37条違反**）に関し**違法性は阻却**されるため、この適用はない。

そもそも労基法は、故意があって初めて罰せられるものである。過失では罰することができない。ただし、同様な事情で、監督官から何度も指摘されていたような場合は、事業主に故意が認められるため、罰則は適用される。

「故意」かどうか、これが労基法の肝の部分であるといえよう。

他方、「出頭命令」は行政行為であり、行政行為は権力的行為であるため、これを拒むと罰則（**労基法第120条第5号**）が適用される。命令を受けた事業主側が、「この命令はおかしい」と行政に対抗するためには、不服申立てをすることになる。是正勧告のように、相手方の任意の協力により実現する行政指導と異なり、出頭命令は、命令でありもちろん強制であるため、おかしいと主張する場合でも、とりあえず命令に従っておかなければ罰則が適用される。

ところで、判例には、使用者が**安衛法第66条**に基づく労働者の雇入れ時及び定期の健康診断を行わなかったこと、**労基法第36条**の手続きを履行しないまま違法に時間外労働を行わせ、**同法第37条**に基づく割増賃金を支払わなかったことにつき、事業者としての基本的業務を怠ったものであり、労働関係法規を守らなかったことに対する反省の念も疑わしく、刑事責任は無視できないとして罰金刑に処した事案（**大阪地判 平成12年8月9日**）もある。

しかし、この事案では「使用者としての所要の手続きをとらず、違法な状況を続けてきたものであり、未熟な者は時間を多く使うことからそのような者が残業をしても割増賃金を支払わなくても良いかのように主張するに至っては労働関係法規を守らなかったことに対する真の反省があるのかどうかに疑問を感じざるを得ない面があるなど、被告人の刑事責任は軽視できないものであると認められる」と判示されており、所要の手続きが取られなかったことに関し、そうすることに違法性があることを認識し、故意があったと認められたものと解されたものである。

では、たとえば労働者に1日10時間、週60時間、これを、何十年にわたって働かせていた場合、使用者に違法性の意識を喚起し得る余地はないから事実の錯誤であり、故意は認められない。したがって、このような場合は無罪になるのではないか。

これに対して、使用者は、労基法上許されると思って、1日10時間、週60時間、労働者を働かせていた場合は、1日10時間、週60時間働かせたということの認識はあり、そのこと自体から通常は労働者を働かせることの違法性の意識を喚起し得るものであるから、それを労基法上許されると思ったとしても、このような場合、法律の錯誤として故意が認められるから違法性は阻却しない。

よって、残業代の支払いなしに残業するのが常態化しており、労働者も事業主もそれがあたりまえと考えてきていたような状況下では、事業主が残業代の支払いをしないことに違法性の認識がない。つまり、監督署の調査が入って初めて、**労基法第37条**の存在を知ったような場合には、送検はないと考えるのが妥当であると解される。しかし、これは最初の1回だけのことであり、監督官から指摘を受けたにもかかわらず、二度三度と同様の状態が改善されない場合には、故意があるとして送検の対象とされるものと解される。

## 6 行政指導の種類

行政指導は、相手方を服従させるためだけでなく、利益を与えたり、紛争を解決したりするためにも用いられている。行政指導は、その機能により①**「助成的行政指導」**、②**「調整的行政指導」**、及び③**「規制的行政指導」**の三つに分けることができる。

**①助成的行政指導**

これは、相手方に助成や保護を与えるための行政指導である。たとえば、情報の提供、職業指導、税務相談・労働相談、生活改善指導、経営指導・助言等がその例である。

このように、行政主体が個人・法人に対して積極的に、あるいは相談に応じた助言を与える形態のものを、助成的行政指導という。

**②調整的行政指導**

これは、相対立する当事者の間に立って双方の利害を調整し、その対立を解決しようとする形態のものをいう。たとえば、賃金をめぐる労使間の紛争、近隣騒音、建築紛争の解決等がその例である。

### ③規制的行政指導

これは、現に発生している私人の違法行為の是正のために行われる指導である。たとえば、割増賃金の支払いの指導、事業者に対する一定事項の報告の指導、公衆衛生上の問題による食堂営業自粛の指導、運輸事業者に対する安全確保措置の指導等がその例である。

## 7 行政指導の法律上の根拠

行政指導は、相手方の任意の協力によってのみ実現できるということであるから、行政指導に従うかどうかは、全く相手方が自由意思で決められるということである。この点が相手方を義務付け、拘束する行政行為と大きく異なるところである。

したがって、行政指導は、指導される側の相手方の意見に反して強要されることのないのが建前である。

こうした行政指導を行うについては、その非権力性に着目し、法律上の根拠を必要としないとする見解がある。これに対して、非権力的行政にも法律上の根拠が必要であるとの見解もある。しかし、行政指導の機能ははなはだ多様であり、一律に法律上の根拠が必要だとすることは適切ではない。

たとえば、「町内をサルが逃げ回っているので外出しないように」と呼びかけるとか、クーラーの使いすぎで送電がストップしないように全国民に省エネを呼びかけるとか、広い地区に向けて節水を呼びかけるといった場合、こうしたケースにまですべて行政指導には法律上の根拠が必要であるというのは、あまりにも杓子定規すぎるであろう。

また、規制的あるいは負担的な行政指導には、法律上の根拠が必要とする見解等も見られる。

いずれにせよ、現実には法律の規定が万全といい難い以上、法律上の根拠がない行政指導を一切否定するには無理があるというのが一般的な見方である。

思うに、このような考え方によれば、行政指導はなんらかの制約を受けることなく、行政庁の独断によってやりたい放題にそれを行うことができることになり、行政庁の恣意により国民に不当な制約が加わることにもなりかねないのである。もっとも、指導内容が違法だとか、不適切だと考える者は毅然とした態度で臨み、納得がいかないのであればその行政指導には従う必要がないのである。

しかし、行政庁側には多くの権限があるから、行政指導を拒否して行政当局の機嫌をそこねてしまうと「江戸の仇を長崎で討たれるおそれ」があり、国民は後難をおそれて、納得のいかない指導にも不本意ながら従っているというのが実情ではなかろうか。

さらに、悪いことには、指導内容が違法なものであっても行政庁に対して、弱いのが国民の立場であり、何らかの心理的圧迫を受けることなく、これに対処する者はよほどの剛毅な人間であろう。しかも、国民がいったん行政指導に従ってしまうと法律上は任意に従ったと受け取られ、後日、指導の違法性を争う道はほとんどない。このようなことから、違法な内容の行政指導が権力行政の代替物としてまかり通っていると指摘する声も少なくない。

今日の行政において、行政指導が有用かつ有効な行政手段であることは否定するものではないが、一方、国民の権利保護という観点からみれば、まったく問題がないとはいえない。伝統的に官（行政庁）に対して弱い国民性を考えれば、非権力的な行為（私人の自由意思を無視して有無を言わさず一方的に行う権力的行為とは異なり、私人の自由意思を認める法律関係、すなわち私人が「いやだ」と言える行為）という外形をとりながら、実質的には権力的行為と異ならず、国民の**「任意の同意・協力」**といいながら、実は**「強制された同意・協力」**にほかならないという実態がある。

このような実態面を考えるならば、行政指導に対して、それが行政庁の濫用にわたるようなことがあってはならない。そして誤った行政指導の結果、国民が損害を受けた場合、国家賠償の道を開く等、国民に救済の機会を広く確保することが、行政指導の濫用を抑えるために必要である。

とりわけ、救済手続のあり方は、今後の行政指導論における重要なテーマとされるべきであると考えられる。

## 8 行政指導の限界

### (1) その限界とは

行政指導は、法律上の根拠を必要としないとしても、行政指導には以下のような限界がある。

第1に行政指導は、当該行政機関の組織法上の権限（所掌事務の範囲）内でなければならない。たとえば、警察官が税務指導をすることはできない。自分の職務と関係のない事項については、指導することはできないのである。

この点について、**行手法**は、**「当該行政機関の任務又は所掌事務の範囲を逸脱してはならない」（同法第32条第1項）**と規定している。

第2に行政指導といっても、法律優先の原則に服する。すなわち、法律に違反するような行政指導は許されない。また、憲法上の一般原則である**「平等原則」**や**「比例原則」**等に反することも許されない。

行政指導の限界について、石油業法に直接法律上の根拠がない行政指導を適法とした判例がある。ここでは、通商産業省（現在の経済産業省）が石油業者に対して生産調整や製品価格の維持を指導していたところ、こうした指導は独占禁止法に違反し、法律優先の原則に反しないかが問題となった。

この点について、最高裁は、「流動する事態に対する円滑・柔軟な行政の対応の必要性にかんがみると、石油業法に直接の根拠を持たない価格に関する行政指導であっても、これを必要とする事情がある場合に、これに対処するため社会通念上相当と認められる方法によって行われ、『一般消費者の利益を確保するとともに、国民経済の民主的で健全な発達を促進する』という独禁法の究極の目的に実質的に抵触しないものである限り、これを違法とすべき理由はない。そして、価格に関する事業者間の合意が形式的に独禁法に違反するようにみえる場合であっても、それが適法な行政指導に従い、これに協力して行われたものであるときは、その違法性が阻却されると解するのが相当である」**（石油価格協定刑事事件　最判　昭和59年2月24日）**とした。

第3に、私人が自由意思で放棄することができない類の権利や利益の制限を求めることは許されない。たとえば、人身の自由や精神の自由は、人間の根幹にかかわる権利であるから、これらの自由に対して法定外の制限を求めることは違法である。

第4に、行政指導をするかどうかは、ある程度行政庁の裁量に任されているが、強制にわたることがあってはならない。行政指導はあくまで法的拘束力のない事実上の協力要請行為であって、行政指導に従うのかどうかは相手方の任意の協力で実現されるべきものである。

したがって、**行政指導に従わなかったことを理由に、相手方に不利益を与えることは許されない**。

たとえば、産業廃棄物最終処分場の設置申請について、地元住民の同意書を取るように行政指導をしたのに、業者が同意書を取らずに、申請書を提出したとしても、指導に従わなかったことを理由に設置申請を不許可にすることは違法としている **(産業廃棄物処理施設設置不許可処分取消請求控訴事件 札幌高判 平成9年10月7日)**。

第5に、行政指導をする場合に処分権限があることをちらつかせ、無理に相手を従わせるようなことは許されない **(行手法第34条)**。つまり、相手が「やめてほしい」、「迷惑である」等の意思表示をしているのに、強引に指導を続けることは許されない。あまりしつこく指導を繰り返すと、事案によっては、精神的苦痛に対する慰謝料（損害賠償）を命じられることがある **(下関商業高校事件 最判 昭和55年7月10日)**。

## (2) 行政指導が強制といえるかどうかの判断

行政指導の、「強制にわたることがあってはならない」という限界については多数の判例がある。

こうした判例の基本的な態度は、①行政指導が行われていることを理由に処分の留保等を行うことは、それだけでただちには違法とはならないが、②相手方が指導に従わない意思を明確に示した場合には、③特段の事情がない限り、その時点以降、違法となるというものである。

行政指導に不協力・不服従の意思を表明している建築業者に対し、建築計画の確認処分を留保した事案につき、最高裁は、「行政指導中の建築計画の確認の留保について、地方自治法および建築基準法の趣旨目的に照らせば、生活環境の維持・向上を図るため、建築主に対して行政指導を行い、建築主が任意にこれに応じているものと認められる場合においては、社会通念上合理的と認められる期間、確認処分を留保することは違法とはいえない」と判示しつつ、「建築主が行政指導にはもはや協力できないとの意思を真摯かつ明確に表明し、当該（建築）確認申請に対し直ちに応答すべきことを求めている」ときには、「当該建築主が受ける不利益と右行政指導が目的とする公益上の必要性とを比較衡量して右行政指導に対する建築主の不協力が社会通念上正義の観念に反するものといえるような特段の事情が存在しない限り、行政指導が行われているとの理由だけで、確認処分を留保することは、違法である」**（品川マンション事件 最判 昭和60年7月16日）**との判断を示している。

ところで、品川マンション事件は、マンション建設のための建築確認が申請された後、建設に反対する周辺住民と申請者との紛争を解決するため、申請への応答を留保しつつ行政指導（調整的行政指導）を継続することは許されるかが問題となった事案として知られているもので、その判決は行政関係では最も有名な判決の一つとして重要である。

この判決によれば、①「行政指導の相手方が当該行政指導に協力しないとの意思を真摯かつ明確に表明し」、②「相手方の不服従が社会通念上正義の観念に反するものといえないこと」という二つの要件が備わっている場合に、行政指導を継続して処分を留保することは違法と評価されるのである。

なお、**行手法第33条**は、この判決を基礎とし定められている。

## 9 行政指導と行政行為の違い

さて、行政指導を理解する上で大切なことは、行政指導が相手方の任意の協力によってのみ実現できるということである**（行手法第32条第1項）**。行政指導に従うかどうかは、全く相手の自由意思で決められるということである。

この点が相手方に義務を課する行政行為と異なるところである。したがって、**行政指導にあたって、相手方を強制したり、威嚇的な態度をとることはできない**のである。このように行政指導は相手方の任意性が前提となるのである。かりに、**相手方が行政指導に従わなかったとしても、それを理由に不利益な扱いをすることは許されない**のである**（同法第32条第2項）**。そうしないと従わなければ将来不利益に扱うことを告げて、結果として従うよう強制してしまうことになりかねないからである。

たとえば、労働基準監督署が事業主に対して時間外労働違反に関する2年間さかのぼりの是正勧告のように最終的に罰則を背景にして強制的に支払命令をかけてくる場合には、それをバックとして指導に従わなければ処分するといった脅かしがきいてしまうことがある。また、労働基準監督署としても強制力をちらつかせながら指導することになりやすいのである。

仮に事業主に対して時間外労働に関する出頭命令等の行政処分がなされたとすれば、事業主はそれに従った法的義務が発生するのは当然のことである。

しかし、あくまで行政指導の段階では強制力がないので、その指導に従うのかどうかは全く事業主の自由であり、その自由意思に圧力をかけるような発言や行動は慎まなければならないのである。

**【行政過程の構造（不利益処分）】**

（例）労基法違反　長時間労働・未払賃金（労基法第32条・第37条関係）

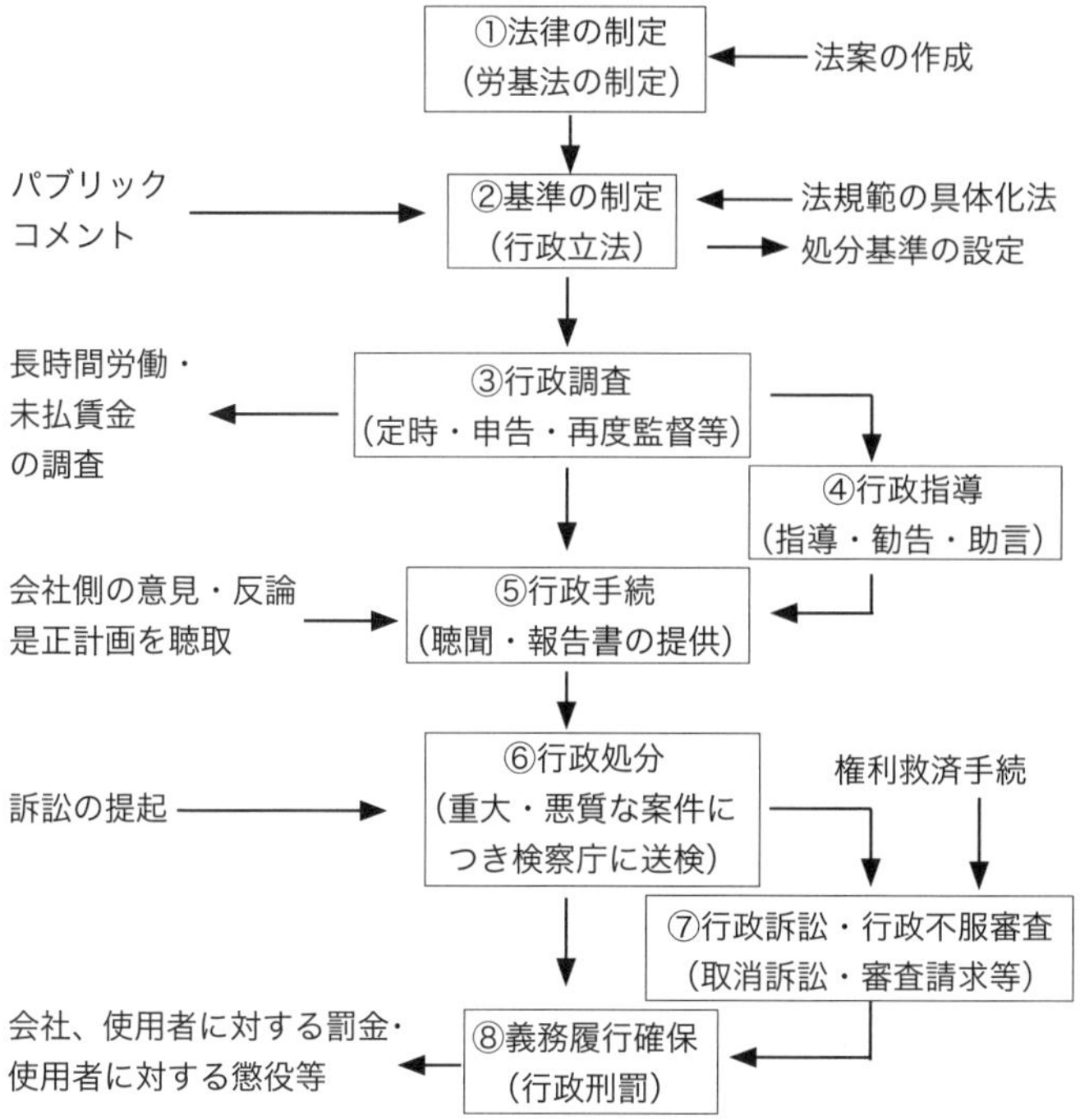


※上記図では、「長時間労働・未払残業代」につき、両罰規定を意識し、対応が悪質である会社と使用者に対する行政調査をイメージして、行政過程の構造を表している。この図では、簡略化した部分が多いため、実際にはより複雑な過程となっていることに留意されたい。

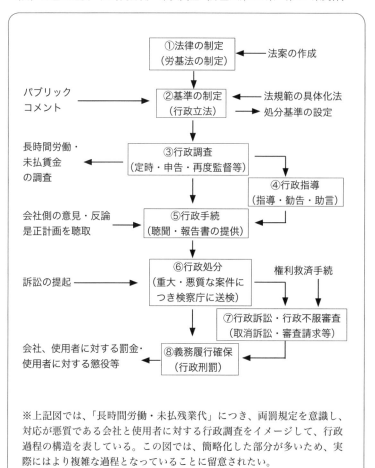

このようにいうと、強制手段があるならば、それを使えばよいではないかという人が少なくないが、しかし、行政指導の必要性のところで述べたように、労働基準監督署が強制手段を行使するには、根拠となる法に定める一定の手続き（刑訴法等）が必要となり、大変な手間と時間がかかることになるのである。

そこで、労働基準監督署があえて天下の宝刀である強制手段を持ち出さなくても、事前に同じ内容の指導を行うことによって事業主が納得すればスムーズに労働基準監督署が目的とした内容を実現できることになるし、時間がかからずに済むという実益があるのである。

# 第八章

# 行政罰

Gnothi seauton
汝自身を 知れ

Cogito ergo sum
我想う 故に我あり

過去の行政上の義務違反に対して科されるのが**「行政罰」**である。行政罰には、さらに義務違反が重い場合に、刑法上に刑名として定められている刑罰を科す**「行政刑罰」**と、義務違反が軽い場合に、刑法上に刑名として定められていない金銭的制裁を科す行政上の**「秩序罰」**がある。

## 1 行政刑罰

行政刑罰は、刑法総則の適用があるため、刑罰としての内容として懲役、禁固、罰金、拘留、科料がある。さらに刑訴法の適用もあるため、公開法定で裁かれることとなる等、以下の特徴がある。

①刑法上の罰
②刑法総則の適用がある
③刑訴法の適用がある
④裁判所の管轄
⑤両罰規定がある（行政刑罰には、違反行為者だけでなく、その使用者等にも刑罰を科す両罰規定が適用される場合がある）

**【行政刑罰と秩序罰】**

| | 行　政　刑　罰 | 秩　序　罰 |
|---|---|---|
| 罰の種類 | 懲役・禁錮・罰則・拘留・科料 | 過料等 |
| 処罰行為 | 行政上の義務違反 | 軽い違反行為 |
| 手続き | 刑訴法の規定により、裁判所が科す | 地方自治法の規定により課す |
| 刑法の適用 | 特別の場合を除き、適用される | 適用されない |
| 法律の根拠 | 必要 | 必要 |

## 2 秩序罰

他方、秩序罰は、刑法総則、刑訴法の適用がなく、金銭的制裁過料が科される等の特徴がある。なお、秩序罰には、さらに(1)**法律に基づく場合**と、(2)**自治体の条例・規則違反に対して課される過料**の2種類がある。

### (1) 法律に基づく場合の特徴

①刑法上の罰ではない
②刑法総則の適用がない
③非訟事件手続法の手続き
④裁判所の管轄

### (2) 自治体の条例・規則違反に基づく場合の特徴

①刑法上の罰ではない

②刑法総則の適用がない
③自治体の条例による手続きの適用がある
④自治体の長が行政処分として科す（裁判所は関与しない）

## 3 両罰規定

両罰規定とは、法人の従業員（代表者や代理人を含む）が、業務に関して違法行為をした場合、行為者だけでなく、事業主体である法人を併せて処罰する旨の規定をいう。事業主に対する刑罰は罰金刑である。いわゆる刑事犯では、法人は処罰されないが、行政犯にはそうした両罰規定が多い。

従来は使用人等の責任が事業主に転嫁される無過失責任との説が有力であったが、今日の通説判例は、「両罰規定は、事業主の従業員の選任・監督その他の違反防止につき、必要な注意を尽くさなかった過失の存在を推定した規定であり、その注意を尽くしたことの証明がない限り、事業主も刑責を免れないとしている」**（最判 昭和32年11月27日、刑集11巻12号3113頁／行政判例百選115事件）**。

# 4 刑事罰と行政罰の違い

## (1) 故意犯処罰の原則

刑事罰を定めた刑法は、処罰できる行為は過失の場合例外規定がない限り、故意のある場合に限られるのが原則であり、これを故意犯処罰の原則という。

つまり、法律の条文中、**「故意に」**等と、いちいち明記されていなくとも、原則として故意を要件としていることになる。これは、**刑法第38条1項**に規定された実定法上の原則でもあるが、そこには、「罪を犯す意思がない行為は、罰しない。ただし、法律に特別の規定がある場合は、この限りでない」と定められている。例えば、両罰規定**（道路法第107条、大気汚染防止法第36条等）**や、過失処罰規定**（大気汚染防止法第33条の2第2項、道交法第118条第2項、質屋営業法第34条等）**が、ここでいう特別の規定に当たる。

このような規定が設けられたのは、もともと行政刑罰が行政上の義務違反**（法定犯）**を取り締まるという自然犯にはない特色を有するからである。もちろん、過失犯より故意犯のほうが、罪が重いと考えられている。

## (2) 行政刑罰では、過失犯も処罰する場合がある

これに対して行政刑罰では、故意犯処罰の原則が厳格に適用されず、過失があれば処罰をすることが認められることがある。この点につき、肯定した判例には、「過失犯を処罰する明文の規定がないのに、ある法律が過失犯を処罰する趣旨であると解することが相当であるかどうかが問題となった事案」**（最判 昭和57年4月2日）**がある。この点について学説は分れているが、必ずしも明文を必要としないとする、すなわち、過失を罰するためには、次の二つの見解の対立がある。

①法律の明文の規定を必要とする

②法律の趣旨から過失をも処罰する（明文の規定がなくても法文の趣旨から過失犯処罰を容認するものとして、最判**（昭和37年5月4日、刑集第16巻第5号510頁、古物営業法第17条・第29条の記載義務違反）**／裁決**（昭57年4月2日、刑集第36巻第4号503頁　船舶の油による海水の汚濁の防止に関する法律第5条・第36条違反）**

これまでの学説上は、②の見解が有力であったが、この見解は、刑法犯に対する刑罰は犯人の主観的悪性に対して、道義的非難として科せられるのに対し、行政刑罰は行政法規

に違反する行為を取り締まって、行政目的を実現することが目的であることを根拠としている。したがって②の見解は、刑法犯と行政犯について異なった取り扱いをするのが妥当であると解するのである。

しかし、近年は、罪刑法定主義の見地から、犯罪の成立要件は、法律の明文により規定されるべきであることを理由に①の見解が有力となっている。私もこの説に賛成する。なぜなら、刑法総則の適用を、条理を根拠に排除することは、罪刑法定主義の原則である類推解釈の禁止に違反して、違法に刑罰権の発動を拡大するようなものであって許されないものと解されるからだ。

また、行政罰の特色を理由に、「特別な理由」がないにもかかわらず、このように②のような解釈をとることは**憲法第31条**違反の疑いがあるからなのである。

## (3) 過失犯と送検の実際

### ① 過失犯の処罰における通説

これまでの判例や、有力説では、過失犯も行政刑罰の罰則が適用されることとなっているが、実務においては、**労基法第37条**違反につき、過失犯での取り締まりをされた事案を目にすることがない。思うに、刑法が適用される、故意犯、過失犯と、行政刑罰での過失犯との、罪の軽重のバランスに起因するものであろう。

この点につき、前記判例**（最判　昭和57年4月2日）**の解説である判例タイムズ470号129頁を以下、引用する。

「過失による行為を処罰する旨の明文規定がない場合に、なお過失犯の成立を認める余地があるか、あるとすればそれはいかなる場合であるかが問題となる。この点について学説は分れているが、必ずしも明文を必要としないというのが通説である。しかし、どのような場合に明文を必要としないかという点については学説は区々であり、当該法規の目的・趣旨、当該構成要件が過失犯を対象として予定しているか否か、関係条文との関係、犯罪の主体が特別の注意義務を課されている者であるか否か、刑罰の種類、軽重等を勘案して決すべきものとしている。このような諸学説の中にあつて特徴的な説に藤木教授（筆者注：藤木英雄博士）の説がある。同教授は、『規定自体から過失で足りる趣旨が平易に了解できるときは、過失を罰する規定があると解することができる。しかし、単に取締りを徹底するために過失による違反を罰する必要がある、というだけでは足りず、その類型の行為が故意による違反になじみにくく、大半が過失による違反と認められるもの、とりわけ忘却犯でなければならない。』（刑法講義総論二三一頁）、『ある法規の前提とする協力義務が消極的協力義務に止まる場合――要するに作為犯の場合――には、積極的協力義務と消極的協力義務との本質的差異、要するに作為犯と不作為犯、過失犯との構造の差異にかんがみ、明文で積極的協力義務を課する旨をあきらかにする――すなわち過失を罰する旨を明示する――のでなければ、その条項が注意義務を私人に課したとまで解すべきではなかろう。これに対して、当該協力義務が積極的協力義務であるときには、作為義務と注意義務との親近性にかんがみ、当該法律が、私人に対して注意義務をも課したと解するのが合理的な場合があり得る。』(過失犯の理論三六八頁）とされる。本件は消極的協力義務違反の場合であるから、同教授の説によれば、明文の規定を要することになる」

と述べられている。

ちなみに、作為犯とは、行為の積極的な動作、つまり作為によって行われる犯罪をいう。殺人の例をとると、ピストルで人を撃つ、あるいは手で首を絞める等、積極的に身体を動かすこと(作為)による場合がその例だ。これに対して不作為とは、一定の行為をしない場合だ(消極的な動作)。例えば、母親が、赤ん坊に乳を与えながら居眠りをしてしまい、赤ん坊を窒息死させてしまったというような場合である。これは、過失の不作為による、**過失致死傷罪（刑法第210条）**になる。このような場合を、忘却犯と呼んでいる。

判例タイムズの解説はさらに続く。

「この論点に関する戦後の最高裁判例は三件あり、外国人登録令による登録証明書不携帯罪（昭28・3・5刑集七巻三号五〇六頁)、古物営業法による帳簿不記載罪（昭37・5・4刑集一六巻五号五一〇頁)、外国人登録法による登録原票確認不申請罪（昭39・3・31裁判集一五〇号九三一頁）は、いずれも、『取締る事柄の本質にかんがみ』、過失犯をも包含する法意であると解するのが相当であるとした」

このうち、最初の判例である外国人登録令による**登録証明書不携帯罪**（昭和28年3月5日、刑集7巻3号506頁）は、「その取締る事柄の本質に鑑み」、登録証明書不携帯罪には、故意に携帯しない場合だけでなく過失によってこれを携帯しない場合も含まれるとした。すなわち、外国人登録令（現在は外国人登録法）によると、外国人は外国人登録証明書をいつも身につけて持っていないと処罰されることになっているが、この証明書をうっかり家に置き忘れるといったような場合が極めて多いので、このように過失による不携帯が通常であるような場合、これを処罰の対象としなければ取締の実効をあげることができないから、外国人登録証明不携帯罪は、故意による場合のほか過失による場合も含まれるとするものである。

再度、判例タイムズの解説に戻る。

「しかし、これらの規定は、前記藤木教授の指摘する積極的協力義務に違反する場合であり、しかも、その義務の発生要件が単純なためその認識が容易であり、かつ、作為義務の内容も単純なためその履行も容易な場合であるので、過失犯に親しみ易い犯罪類型に関するといえる場合である。したがつて、右各判例の理を、消極的協力義務違反の場合であり、かつその義務の履行が必ずしも容易とはいえないであろう本法の場合にまで推し及ぼすことはできないと考えられる。」

すなわち、行政刑罰のすべての場合に過失犯が処罰されるというのではなく、個別具体的な内容に踏み込んで判断されなければならないであろうことは明らかである。刑罰の過失犯に比べ、極めて軽微な違反であるとか、後述する**労基法第37条違反**のように、時間外労働の中身につき容易に正しく判断できないような場合は、少なくとも、過失の概念に馴染みやすい犯罪類型に適合しないものと解される。なぜなら、義務の発生要件が複雑なためその認識が容易ではなく、かつ、義務の履行も容易ではないからである。

つまり、貸金の場合を例にとると、AがBに対して「50万円のお金を貸した。もうとうに返済期間が過ぎているから返してほしい」と、AがBに対して催告していたとする。このような場合に、AがBの家に乗り込んで50万円相当の物品を強制的に持ち出すということは認められない。それというのも、Bには、「その金を受け取った事実はない」とか、「受け取ったが、くれるといった」とか、「まだ返済期間が来ていない」とか様々な言い分があることが考えられる。こうしたBの弁明を聞かないで、すなわち裁判を経ないで、自力執行することは許されないのである。

これを**労基法第37条**の時間外労働に置き換えると、労働者が会社に対して「毎日2時間ずつ時間外労働をしたが、残業代が支払われていない。よって、2年間さかのぼって

200万円支払え」と請求したような場合が考えられる。他方、会社は労働者の請求に対して、「いやいや、会社は君に残業を命じていない」であるとか、「君は時間外に仕事をしておらず、ゲームをしていた」等と、反論のあることが容易に考えられる。そうした会社の反論を聞くことなく、労働者の言い分だけを採用して、タイムカード等から一方的に、監督官が未払賃金の額を算定し、会社に対してこれを支払うよう命令することは、先の貸金の場合に、債権者だけの主張を採用して、自力執行を手助けするようなものである。

加えて、罪刑法定主義の原則からすれば、行政犯であっても、原則として故意犯のみが罰せられ、過失犯は明文の規定がなければ原則として罰せられない、と理解すべき最高裁判断（**道交法違反被告事件 最一小判 昭和48年4月19日**、刑集27巻3号399頁）もあり、「道交法七〇条、一一九条二項、一項九号の過失による安全運転義務違反の規定は、その構成要件を充たすかぎり、過失犯処罰規定を欠く同法の他の各条の運転者の義務違反の罪の過失犯たる内容を有する行為についても適用される」としている。

**②労基法第37条と、過失犯の処罰**

前記、①の判断要素から**労基法第37条**違反に過失犯が問えるか否かを検証したい。

a 同条文には過失犯を処罰することができる旨の明文規定がない。

b 同規定自体から、処罰につき、過失で足りる趣旨が平易に了解することはできない。

c 前記、明文規定を有さず、過失犯を認めた最高裁判例三つは、いずれも「取締る事柄の本質にかんがみ」過失犯を包含する法意であると判断するが、**労基法第37条**違反には、そうした法意が見受けられない。

d **労基法第37条**違反は、義務の発生要件が単純ではなく、その認識が難しく、かつ作為義務の内容が複雑で、その履行も同様である。

ちなみに、時間外労働は、その時間の中身が、労働といえるか否かで判断が容易ではない。よって、時間外労働にかかる賃金の支払義務が発生するか否かが容易に判断できないため、過失犯として罪を問えないものと解される。

いずれにしても、**労基法第37条**違反の場合は、「使用者が、タコ部屋のように、労働者の自由を不当に拘束して監禁するような、違法な長時間労働だと認識していながら、労働者にこれをさせ、残業代を支払わなかった」とか、「何度も是正勧告をされているにもかかわらず、一向に改善されなかった」であるといった、悪質性が極めて高く、そこに故意が認められる場合でなければ、処罰されないものと思料されるものである。

ただし、前記、過失犯を認めた最高裁判例三つと同様に、労基法において、「就業規則の届け出義務違反」をしたような場合には、過失を処罰される可能性は否定できない。なぜならこれは、積極的な協力義務が期待される作為義務であり、その義務の発生要件が単純なためその認識が容易であり、かつ、作為義務の内容が単純なためその履行も容易な場合であるので、過失犯に親しみ易い犯罪類型に関するといえる場合と考えられるからである。ただし、実際に送検されるか否かといえば、後述「(4)行政刑罰の機能不全（運用上の問題点）」により、ほぼ皆無と考えて良いはずである。

## (4) 行政刑罰の機能不全（運用上の問題点）

行政刑罰を科すためには、刑訴法の手続きによらなければならない。このため、行政刑罰が科されるのは例外にとどまり、告発は稀だとされている。その理由は、次のとおりである。

① 警察が捜査に乗り出すか、検察官が起訴に踏み切るかが不確実であり、控訴提起に至るまでには検察官による告発の受理、起訴が必要であり、起訴に必要となる、証拠等を収集する等、行政機関に必要な手続負担や準備活動は大きなものになる

② 告発を受ける検察官側でも、殺人・強盗等刑事犯の立件を優先し、行政犯の起訴に消極的な立場をとる傾向があること

③ 起訴後においても、証人として喚問を受ける等、行政の職員にとって裁判に協力する負担は行政事務の停滞を招きかねないことから、行政刑罰の処理を好まない傾向があること

④ 書類送検のすべての案件が、検察官により起訴されるわけではない。さらに有罪判決が出ても宣告される刑は、それほど重くなく、公判請求はほんの数%程度であり、大部分が略式命令請求であること

⑤ 最後に、行政刑罰は、国民に与える不利益が重大であり、科刑手続も慎重なものとされていること

## 判例索引（時系列）

# 事項索引（あ～こ）

## ■著者紹介

### 河野順一（こうの じゅんいち）

日本橋中央労務管理事務所所長、東京法令学院長、NPO法人個別労使紛争処理センター会長、社会保険労務士、行政書士。

法務コンサルタントとして銀行など各企業を対象に、幅広く経営全般にかかる指導業務を行っている。また、複雑な法律問題を身近な事例に置き換えてやさしく解説する理論家として評判になり、法律解釈をテーマとした講演も行う。

現在、社会保険労務士を主な対象にした司法研修を全国各地で行い、好評を博している。「就業規則の作成セミナー」はつとに有名であり、3日間の集中講義を何度も聴講するリピーターが多い。

**●主な著書**

『労働基準監督署があなたの会社を狙っている』（LABO・弁護士会館ブックセンター出版部）、『ドキュメント社会保険労務士』、『社会保険労務士のための要件事実入門』（日本評論社）、『労働法を学ぶための「法学」講義』、『労働基準監督期間の役割と是正勧告』、『労働災害・通勤災害の認定の理論と実際』、『是正勧告の実務対策』、『労働法を学ぶための「要件事実」講義』（共著）（以上、中央経済社）、『労務トラブル50』（清文社）、『負けず嫌いの哲学』（実務教育出版）、『残業代支払い倒産から会社を守るならこの1冊』、『給与計算するならこの1冊』、『労働災害・通勤災害のことならこの1冊』、『労働法のことならこの1冊』（以上、自由国民社）、『不当な残業代支払い請求から会社を守る就業規則』、『時間外労働と残業代請求をめぐる諸問題』、『労務管理の理論と実際』、『労働法を理解するための基本三法（憲法、民法、刑法）』（以上、経営書院）、『どんとこい！労働基準監督署』（風詠社）ほか多数。

どんとこい 労働基準監督署 part2
知って得する憲法と行政法

2021年6月10日　発行
著　者　河野順一
発　行　株式会社 日本橋中央労務管理事務所出版部
〒101-0062　東京都千代田区神田駿河台 1-7-10
ＹＫ駿河台ビル5階
Tel：03（3292）0703
Fax：03（3292）0705
発　売　株式会社 星雲社（共同出版社・流通責任出版社）
〒112-0005 東京都文京区水道 1-3-30
Tel：03 (3868) 3275
印刷・製本　株式会社 シナノ パブリッシング プレス

ISBN978-4-434-29063-3　C2032